AF342931

7

TESTAMENTVM, quod ego *Mercurinus Arborien. Marchio Gattinariæ, et Romagnani, Valentiæ, & Sartiranæ Comes, Iurium Doctor, & Miles, Sacratißimi, et Inuictißimi D. D. Caroli Quinti Diuina fauente clementia Romanorum Imperatoris semper Augusti, Hißpaniarum, ac vtriusq; Siciliæ Regis Catholici Domini mei metuendißimi, omniumq; suorum Regnorũ, & Dominiorum Supremus Cancellarius nuncupatiuũ condo ad rei gestæ perpetuã memoriam, vt infra in his scriptis regulatur, & redigitur, ac per subscriptum Notarium publicum in præsentia septem testium inferius nominatorum ad id ore meo proprio rogatorum in publicam, ac authẽticam formam redigi iubetur, licet enim iam biennio decurso, aliud per me conditum fuisset testamentum in hac Ciuitate Barchinonen. manu mea conscriptum, cum tamen exinde rebus, & temporibus mutatis, voluntas etiam vsq; ad mortem ambulatoria in quibusdam mutata extiterit, vt sic noua dispositione opus esse videatur.*

Ideò reuocato per prius dicto meo priori testamento, prout ex nunc reuoco, ac pro infecto haberi volo.

Quamuis nunc fauente Altißimo mente, et corpore sanus existam, senectus tamen mea sexagesimum quartum ætatis annũ transgrediens, vicinum mortis nuntium præsagiat, cuius tempus incertum existit, vt meritò vnicuiq; vero Christicolæ incumbat, se omni tempore paratum exhibere: Nunc quoq; agatur de mea in Italia cum Cæsarea Maiestate ex Hißpano littore mediterranei Maris transfretatione priusquam ægritudinis præssura forsan inde superueniens rectum iudicium valeat perturbare, & antequam mundo moriar, aut me maritimis exponam procellis, atque periculis, non quidẽ absonum, sed rationi consentaneum putaui de bonis mihi à Deo collatis de nouo testamẽtariè dißponere, meamq; hanc volũtatem aperire, & detegere, vndè Diuino prius inuocato suffragio, à quo cuncta recta consilia, cunctaq; iusta sunt opera.

Animam in primus meam, quæ cunctis rebus est præferenda Altißimo rerum omnium conditori offero, atq; commendo, à quo

A   *supplex*

supplex deuotiſſimis, ac humillimis precibus expoſco, &
pio miſericorditer impetrare, ac obtinere non quidem mei
qua nulla ſunt, ſed pro ſua exuberanti clementia, & benignit.
vt dum ipſam animam à corpore ſeparari continget, remiſſa omnium peccatorum meorum ſarcina, illam in ſuam protectionem
ſuſcipere, & ab hoſte maligno, diaboliciſq; tentationibus eximere,
ac inde in porsum ſalutis deducere, nec non perenni, ac æterna vita perfrui facere dignetur.

Corpus verò meum dum cadauer, efflato ſpiritu, effectū fuerit,
Eccleſiaſticæ ſepulturæ tradi iubeo in loco Gattinariæ, in Eccleſia
Collegiata per me (ut infra) fundāda. It aut vbicunq; me mori cō-
tingat, ſiue in mari, ſiue in terra, quantacunque itineris intercape-
dine diſtare comperiatur cadauer ipſum celebratis prius de more
funeralibus in loco mortis meæ, exinde ſecretiori modo quo fieri poterit, omni pompa prætermiſſa ad dictum locum Gattinariæ vnde
mihi eſt origo, quàmprimùm transferri debeat, ac in dicta Eccleſia Collegiata ſepeliri in terra ante magnum Altare dictæ Eccleſia,

vbi nullum aliud conſtrui debeat ſepulchrum, quàm vt ibidem ſe-
pulto cadauere ſuperponatur lapis unicus marmoreus inſcriptis
caracteribus, nomen, & titulū, ac annum, & diem mortis me de-
notantibus, bis etiam verbis additis. *QVI VIVENS PV-
PLICIS SEMPER NEGOCIIS OPPRESSVS
EXTITIT, HIC MORIENS PEDIBVS E-
TIAM SE PVBLICE CALCANDVM STA-
TVIT.* It àut huiuſmodi lapis marmoreus ſeruiat eidem magno
Altari dictæ Eccleſiæ Collegiatæ pro ſcabello pedum Sacerdotum ibidem diuina celebrantium, id enim humilitatis cauſa, & ad ſubmo-
uendum fauſtum, inanemq; gloriam euitandam fieri iubeo, veroq;
ne ſepulchrum ipſum altius extra terram eleuetur, aut alia quauis
pompa decoretur. Quod & ſi me in mari, vel in alio loco mori contingeret, vt ipſum Cadauer reperiri, vel ad dictum locum Gattinariæ transferri non poſſet, nec ibidem ſepelliri, Nihilominus huiuſmodi ſepulchri formam, & funeralia Eccleſiæ, & Collegij fundationem, ac alia omnia præmentionata, & etiam inferius in remedium

...um animæ meæ dispositæ exequi, & ad effectum deduci iubeo,
Cadauer ipsum ibidem sepultum foret. Et vltra ea, quæ in
celebratione huiusmodi funeralium in dicta Ecclesia Collegiata per
me fundanda tempore sepulturæ dicti cadaueris, vel alias publicè
fieri continget, quæ arbitrio hæredum, ac exequutorum meorum
relinquenda censui, volo, & iubeo in remedium animæ meæ, ani-
marumq; vxoris, & parentum, meorumq; fratrumq; & soro-
rum, ac aliorum mihi coniunctorum, qui ab hoc sæculo migrarunt,
vt intra annum à die mortis meæ sequuturum secretiori modo, quo
fieri poterit, & sine quauis pompa, vel ostentatione mille Missas
pro defunctis in decē Monasterijs reformatis celebrari, videlicet in
quolibet Monasterio centum. Pro quibus celebrandis, vnicuiq;
Monasterio, ad id per exequutores meos eligendo, vigintiquinque
florenos bonæ monetæ Mediolani do, & lego semel tantum cuilibet
dictorum Monasteriorum soluendos; quæ summa tota ascendit ad
ducentos quinquaginta florenos dictæ monetæ, quos ex nunc ad eũ
effectum deponi iubeo pænes Reuer. Don Gabrielem de Gattinaria
fratrem meum Ordinis Canonicorum Regularium B. Augustini,
qui tanquam vnus ex exequutoribus huiusce mei testamenti, curabit cum effectu huiusmodi Monasteria, quàmprimùm habita noti-
tia mortis meæ, eligi, ac nominari, & vnicuiq; ipsorum Monasteriorum ratam suæ elemosinæ prædictæ consignari, cum declaratio-
ne oneris iniuncti dictarum Missarum celebrandarum. Et cùm ab
vniuerso Ordine, ac generali Conuentu, & Capitulo Ordinis Car-
thusiensium mihi sit concessum priuilegium fraternitatis cum Mo-
nachatu per omnia Monasteria dicti Ordinis, ita vt per totum dictum Ordinem, quàmprimùm eis mors mea innotuerit, teneatur
quilibet Sacerdos eiusdem Ordinis in remedium animæ meæ cer-
tum Missarum numerum celebrare, & quilibet Conuersus eiusdem Ordinis totiens Psalterium dicere, iuxta ipsius concessionis
diploma, cuius originale pænes Reuer. Priorem Monasterij Carthu-
siensium nostræ Dominæ de Gratia Bruxellen. in Ducatu Braban-
tiæ depositum, ac reconditum extitit, vt is de morte mea certifica-
tus non solùm in eo Monasterio id exequi curet, sed etiam cæteris

A   2   Mona-

4

Monasterijs, ac generali Capitulo dicti Ordinis denunciet,
cæteri exequantur. Iccircò hæredes mei infra nominati, ac ex-
tores huius testamenti curabunt cum effectu eidem Reu. Priori
nostræ Dominæ de Gratia quamprimùm per Nunciũ ad id expres-
sum mortem meã nunciare, & pro ampliori certificatione eidẽ R.
Priori transmittere scripturam authenticã huius articuli, & par-
ticulæ, cum initio, & fine eiusdem testamenti, ac subscriptione Notarij, vnà etiam cum centũ ducatis auri largi, & iusti ponderis, quos
eidem Monasterio pro vna vitriata vnius fenestra Ecclesiæ ibidem nouiter fabricatæ meo nomine fienda ad præmissorum effectũ,
vltra alia, quæ egomet eidem Monasterio iam erogaui, do, lego.

Collegialẽ autem Ecclesiam, in qua, vt prædixi, me sepelliendũ seu
cadauer meũ inhumandũ disposui, ita fundari censeo: Quòd cùm
parochialis Ecclesia S. Petri de Gattinaria, in qua parentũ meorũ
ossa, et cadauera cõdũtur, adeò tenuibus, debilibusq; redditib. sit dotata, vt vix ibidem vnus Curatus, seu Rector dictæ Curæ condignè
viuere queat, cupiamq; (si fas fuerit) eidem Ecclesiæ Parochiali S.
Petri vniri redditus, & emolumenta omnium Ecclesiarũ campe-
strium dicti loci de Gattinaria, in quibus vix celebratur semel in anno, & in aliquibus nunquàm, his vt plurimùm ad ruinã deductis,
quæ tamen pro maiori parte à Nobilibus Arboriẽsum fundatæ fuerint, ita vt adhuc in aliquibus Iuspatronatus seruetur; quæ simul
iunctæ ad redditum annuum centum ducatorum non ascendunt,
& in eo, quo nunc sunt, statu, magis scandali & prophanationis,
quam deuotionis causam præbeant: Cumq; etiam monasterium
Monialium cum annexa Cura S. Petri de Lenta, quòd in Comitatu meo Gattinaria consistit fundatum ab antecessoribus ipsius familiæ Arborien. & cuius redditus omnes in locis dicti Comitatus
situantur, qui etiam quingentos, seu sexcentos ducatos annuos non
excedunt, adeò sit dissolutum, & difformatum, vt iam in hominum
abominationem peruenerit, nec Monasterium, sed Lupanar dici
possit, vt vix credatur reformari posse, nisi penitus eiectis, & ex-
pulsis mulieribus omnibus ibidem cõmorantibus; meáq; mentis existat, si id ab Apostolica Sede obtinere liceat, dictum Monasterium
                                                        Monia-

[...] Monialium Lentæ, damnatofq; illos mores penitus fupprimere &
extinguere, & loco illius alterius Ordinis Monafterium reforma-
tum in ipfo loco Gattinariæ erigere & fundare, vberioribufq; redditibus dotare, prout inferius feriofius declarabitur, adeumq; effectum per ipfam Apoftolicam Sedem prouidendum cenfeam, vt deinceps nulla alia Monialis in eodem Monafterio introduci valeat,
nec numerus præfentium augeri, fed his duntaxat, quæ ibidem
nunc confiftunt, quandiu vixerint iuxta redditus ipfius Monafte
rij alimenta præftari, & inde ipfius Monafterij redditus eifdem
Monialibus defcedentibus, aut forfan fua ſpõte dictum Monafterium dimittentibus, vniri ac applicari cupiam Collegio per me, vt
infra, fundando in dicta Ecclefia S. Petri de Gattinaria in recom
penfam fundationis alterius Monafterij prædicti, quæ, vt præfertur, maioris erit redditus: & fi hæ vniones ab ipfa Apoftolica Sede
obtineri poffint, prout ſpero, annexis iuris animarum dictorum locorum Gattinariæ & Lentæ, quæ oneri dicti Collegij incumbant,
exercendo per fe curam Gattinariæ, vt infra dicetur, & prouiden
do de perfona idonea in dicto loco Lentæ, quæ ibidem curam animarum exerceat, in his omnibus Iurepatronatus, vt infra, mihi, ac fuc
cefforibus meis, qui dictum Comitatum ac Dominium Gattinariæ
obtinebunt, referuato, velim etiam de proprijs meis bonis fuppleri,
quicquid vltra huiufmodi reddituum vnionem, aut aliorum quæ
forfan in pofterum vniri cõtinget, vel quicquid, ceffantibus etiam
vnionibus prædictis, ad ipfius Collegij fuftentationem expedire videbitur, iuxta taxam fiendam per dictum Reuer. Don Gabrielem
de Gattinaria, quem circa huiufce Collegij fundationem vnicum
exequtorem effe uolo, eiufq; arbitrio comittendum cenfeo. Ecclefiæ
ac ædificiorum formam, quæ non ad oftentationem, feu pompam,
fed ad neceffitatem, et congruam commoditatem dicti Collegij effe
videatur, cuius etiam difpofitioni, & arbitrio remitto debitam ipfius Collegij ordinatiõe, & inftitutiõe, iuxta tamen ipfius mea di
fpofitionis mentẽ, ac fub qualitatib. per me inferius declarãdis. Volo enim, & iubeo in honorẽ nouæ ordinũ cæleftis hierarchia per dictũ Canonicorum
Reuer. fratrẽ meũ eligi et affumi nouem perfonas ad id idoneas in Reg. numerũ, & qualitas.

A　3　Cano-

Canonicos Regulares, quòs ſi tot reperiri poſsint de familia nobilium Arborienſium, aut ſaltem deſcendentes per rectam lineam
ex ipſa familia, ſiue ex linea maſculina, ſiue ex linea fœminina,
præferendo tamen deſcēdentes ex linea maſculina cæteris omnibus
deſcendentibus ex fœminina, ex his eligi, & aſſumi iubeo: ſi autem
tot non extarent ad id idonei eiuſdem agnationis, vel ex ea, vt præmittitur, deſcendentes, idem Reuer. Don Gabriel de Gattinaria
frater meus pro hac vice duntaxat alios eligendos curabit mihi in
quouis gradu conſanguinitatis, vel affinitatis coniunctos, qui omnes ſint Sacerdotes ad Miſſarum celebrationem idonei; ex quibus
vnus cæteris præſit ſub titulo Prioris, ſeu propoſiti, aut alio titulo
magis congruo arbitrio dicti Reuer. fratris mei diſponendo; alius
ſub titulo Plebani, ſeu Curati, curam plebis, & animarum dicti loci Gattinaria exerceat, & diebus congruis in ipſa Eccleſia populo
Puellæ edu- prædicare teneatur, & gregem illum in his, quæ ad fidem pertinent,
cande. inſtruere, qui propterea ad id doctus & idoneus eſt aſſumendus;
alius ſit Theologiæ Magiſter, & ad lecturā aptus, qui ſingulis diebus in dicto Collegio, loco ad id ordinando, ipſis Collegiatis, alijſque
honeſtis perſonis diſcere cupientibus, & ad illius audientiam concurrentibus per vnam integram horam legens, ipſius ſacræ Theologiæ mentem & intellectum, ſecundum litterarum ſenſum in his,
quæ ad catholicam fidem pertinent, explanare, ac interpretari co-
nabitur, omiſſis ſophiſtis argumentationibus, alijſq; interpretatio-
nibus à vero litteræ intellectu deuiantibus, & quæ non ad ædifican-
dum conſcientias, ſed ad offuſcandum Chriſtianorum animos tendere viderētur, & quæ fructum non afferrent, isq; Lector nomina-
bitur; alius ſit in Muſica, & ratione cantandi expertus, qui Cātor
nuncupetur, & nouem pueros infraſcriptos in ratione cantus in-
ſtruat, vt inde in Eccleſia in Horis, ſeu Officijs diuinis cantandis
debitè inſeruire valeant; quæ quidem officia, ac alia ipſi Collegio in-
cūbentia pro nunc arbitrio dicti Reuer. fratris mei diſponenda, &
ordinanda relinquo: His tamen, quos ipſe prouiderit, deficientibus,
aut dictum Collegium deſerentibus, id onus ei, qui Collegio præerit,
incūbet, accedente tamen aſſenſu & conſilio meo, & hæredis mei,

ſeu

seu successoris, dictum Marchionatum, & Dominium Gattinariæ obtinentis, cui etiam nominationem, seu præsentationem Prioris, vel Præpositi dicti Collegij, quandocunq; vacare contigerit,
tanquàm Patrono ex huiusmodi fundatione reseruandam censeo,
& pariter nominationem Canonicorum, Curatorum, & puerorum, secūdum ordinem sequentem; cùm.n. meæ intentionis exist at,
& quandiù fieri poterit, Collegium ipsum fultum remaneat Canonicis, & personis nobilibus dictæ agnationis Arborien. aut alijs mihi, vel successori meo in dicto Marchionatu cōsanguinitate, vel affinitate coniunctis, ex nobili sanguine ortis, volo, & iubeo, vt vltra ipsorum numerum nouem Sacerdotum Collegiatorum, assumā-
tur ex nunc nouem pueri eiusdem agnationis & familia, qui per
me nominabūtur, si Deus me incolumen in patriam reduxerit, vel
in mei defectum per successorem meum in eo Dominio; qui nouem
pueri nunc, & in posterum assumendi erunt ex eadem familia, mo
do prædicto, non minores septennio, nec maiores decennio, ijq; in eodem Collegio hoc modo erunt educandi, & instruendi, vt vsque ad

xiiij eorum ætatis annum Grāmaticam, rationemq; cantandi, &
scribendi ediscant, ac Ecclesiæ inseruiant, in ecclesiasticisq; officijs,
& ministerijs, ac alijs ceremonijs in Ecclesia seruandis instruan-
tur; post verò annum decimum quartum vsque ad vigesimum
ipsius ætatis annum in arte Oratoria, & in Theologia, sacrarumq;
literarum intellectu erudiantur, indeq; sacris initientur ordinibus,
his potißimè, qui in ea ætate cōferri possunt; quòd si eorum quißpiā
ad eam ætatem perueniens dicto anno vigesimo completo sacris initiari nolit, nec Ecclesiastico Ordini se addicere, vel etiam ante eam
ætatem nolit cum cæteris pueris in ipsa Ecclesia cantare, officijsque
Ecclesiasticis inseruire, nec Priori seu Præposito dicti Collegij parere, tunc ab aliorum consortio separetur, ab ipsoq; Collegio eijcia-
tur, & in eius locum alius puer minor, qui, vt præfertur, annum
decimum nō excedat, introducatur, modoq; prædicto educetur, &
instruatur; ideōq; fiat in loco ipsorum puerorum forsan ante debitam ætatem morientium: Si autem ex nouem Canonicis prædictis
quēpiam ab hoc sæculo decedere, vel ex iusta causa priuari contingeret,

geret, tunc, si ex dictis pueris, vt præmittitur, instruendis, & edu-
candis in dicto Collegio quispiam adesset idoneus, debitaq; ætate suf
fultus, & sacris initiatus ordinibus, seu initiari paratus, is cæteris
omnibus præferatur, in locumq; deficientis subrogetur, aliàs autem
per me vel successorem meum prædictum participato consilio cum
Priore, seu Præposito dicti Collegij alius nominetur, & præsente-
tur idoneus, iuxta ordinem per me datum in ipsa prima electione,
ita quòd in omnem euentum dictum Collegium debitè sit suffultum
nouem Canonicis, inclito Priore seu Præposito, ac nouem pueris, vt
præmittitur, qualificatis, qui omnes Collegialiter viuant in Domo
seu Collegio ad id, vt dictum est, ædificando, ipsiq; Ecclesiæ collegiata inseruiant, ibidēq; singulis diebus Horas canonicas, aliaq; diuina
Officia recto ordine peragant, ac indicto magno Altari dictæ Ecclesiæ, in cuiuis pede, iuxta ordinem prænarratum, sepulchrum meum est statuendum, singulis diebus tres missas celebrari iubeo, videlicet, vnam paruam Missam submissa voce, quæ pro defunctis ce
lebretur in aurora, vel in ortu solis, aliam magnam Missam alta
voce cantatam cū Diacono, subdiacono, et pueris ad id instructis,
vt decet, cantantibus, quæ sit ordinaria Missa diei, secundum institutionem Ecclesiæ Romanæ, quæ celebrari, & cantari debeat, vt
sit perfecta paulò ante horam tertiarum, aliam verò Missam submissa voce in honorem gloriosæ Virginis Mariæ quæ statim post dictam Missam alta voce cantatam in eodem Altari celebretur; reli
quas autem Missas in dicta Ecclesia per Collegiatos, seu alios forsan superuiuentes Sacerdotes celebrandas, ordinationi ac disposi-
tioni Prioris seu Præpositi dicti Collegij remittendas censeo, cui om
nes Collegiati parere, et obedire debeant, ibidemq; castè & honestè
viuere, ac ipsius Collegij instituta seruare, iuxta regulam & formam per dictum Reuer. fratrem meum in scriptis redigendam, et
ipsis Collegiatis tradendam, per quam nihilominus eosdem Collegia
tos nequaquàm arceri intendo, vt ab esu carnium abstinere debeant, per quamcunq; constitutionem contrariam factam seu fiendam, quinimò his ipsum esum carnium, non secus, quàm merè sæ-
cularibus, permittendum censeo: Habitus autem puerorum, qui in
numerum

Preces pera-
gēdæ in dicto
Collegio.

numero Canonicorum recepti non fuerint, ab habitu ipsorum Canonicorum differre debeant, ita vt vnusquisq; ex habitu cognosca-
tur, an Professus, an Nouitius existat; quorum habituum differē-
tiam, ac conuersorum numerum ad ipsius Collegij obsequia necessa-
riorum, reliquorumq́; omnium hic non expressorum regulam &
normā ipsi Reuer. Don Gabrieli de Gattinaria fratri meo omni-
nò remittendam censeo, cui onus dicti Collegij secundum hanc meā
institutionem & fundationem rectè erigendi & disponendi penitus relinquo. Ceterùm ad ipsius Collegij ampliorem prouisionem,
& ad commodum publicum, vt non solùm pueri dicti Collegij
sed etiam alij quicunq; pueri dicti Marchionatus Gattinariæ, nobiles seu ignobiles, qui in Grāmatica, & arte dicendi ac scribendi
erudiri ac instrui cupient maiorem ad id habeant commoditatem,
& id minori impensa assequi valeant, volo & iubeo, quod extra
limites & clausuram dicti Collegij ædificetur domus congrua eidē
Collegio contigua, in qua commodè habitare possit vnus Magister
scolarum Grāmaticæ pro pueris dicti Collegij, & alijs scolaribus ibidem affluentibus instruendis, & erudiendis in ipsa Grāmatica, et
arte Oratoria, qui Magister scolarum habeat in eadem domo ha-
bitationem gratis pro se, & eius familia, & etiam pro vno optimo
scriptore, quem secum habere debebit, vt etiam suis temporibus eosdem pueros et scolares arte scribendi instruat, habeatq́; ipse Rector
pro se, & dicto scriptore eius oneri incumbente tres ducatos aureos singulis mensibus pro ipsorum duorum stipendio mestruo, quā-
diù ipsi exercitio inseruient, & pro tempore quo cum ipso Rectore
scolarum per me vel successorem meum prædictum conuentum fuerit, cuius oneri esse volo huiusmodi mestruum stipendium perpetuò
soluendum ei, qui pro tempore dictum exercitium Rectoris scolarum obtinebit, qui tamen pro libito meo, aut successoris mei partici
pato consilio cum Præposito dicti Collegij ad id idoneus eligatur, &
dum eis expedire videbitur, mutari poterit, vt alius idonior con-
ducatur, qui etiam vltra stipendia prædicta poterit à singulis Scolaribus, exceptis pueris Collegij prædicti, solitam aut conuen-
tam

tam mercedem exigere & recipere.

*Vltrà autem fundationem Collegij prædicti, vt præmittitur,
erigendi loco dicti Monasterij Monialium Lentæ, vt præmittitur,
supprimendi & extinguendi, ac reddituum eiusdem ad opus dicti
Collegij per me fundandi applicandorum, ne videar ipsam fundationem Collegij ex alienis redditibus congeßiße, muliebremq́; sexŭ
penitus à Monastica vita in ea regione excluside, quod profectò lõ
gè abest à recta intentione mea, cum duntaxat corruptos in his mo
res emendandos censuerim, & loco prophanatarum veras Monia
les rectis moribus imbutas instaurare; quandoquidem non ambigã
deuoti fæminei sexus preces benignius audiri, intercedente potißimè gloriosa Virgine Pij Redemptoris nostri Matre, ideò in ipsius
Beatæ Virginis honorem, ac reuerentiam, & in memoriam septẽ
dolorŭ, quorum gladijs illius anima trãsfixa legitur; volo & iubeo
in dicto loco Gattinariæ, in solo per me, vel successorem meum prædictum ad id congruè disponendo, si id in vita mea, prout cupio, per
fectum nõ foret, fieri, ac ædificari vnum congruum, ac decens Monasterium pro personis sequentibus, cum condecenti Ecclesia sub
titulo Beatæ Virginis septem dolorum, cuius Ecclesiæ ac Monasterij
ædificia non ad pompam seu ostentationem, sed ad neceßitatem, et
congruam ipsius Monasterij commoditatem condecenter fabrica-
ri iubeo, cum recta ipsius Monasterij institutione & regula, iuxta
tamen sequentem meam ordinationem & dispositionem, cum mo-
dificatione & temperamento regulæ & obseruantiæ ipsius Ordinis
Monialium, prout infra particularius detegetur arbitrio Vener.
sororis meæ carißimæ Doñæ Lucretiæ de Gattinaria Monialis
ante triginta annos in Monasterio Ordinis S. Claræ in Ciuitate
Vercellarum reclusæ: ac poseßæ, quam ob illius diutius probatã vi-
tæ sanctimoniam, vereque religionis & obseruantiæ specimen, ac
cæterarum exemplar & speculum eidem Monasterio per me, vt
præmittitur, fundando tanquàm cæterarum Matrem & Rectri
cē, si id ab ea ex Superiorŭ licentia impetrari poßit, quandiù vixerit, præeße cupio, cŭ titulo Abbatißæ seu Priorißæ, aut alias prout
eidem*

eidem Reuer. sorori meæ videbitur, aliàs eiusdem sororis meæ consilio aliam ad id idoneam eligi volo, quæ ipsi Monasterio instituen-
do, ac debitè regendo, eius vita durante præesse debeat: Ipsi autem
Rectrici dicti Monasterij ad imitationem beatæ Vrsulæ, & in cō-
memorationem vndecim millium virginum, adiungendas censeo
vndecim alias virgines nobiles ex legitimo matrimonio procreatas
ad religionem ipsam & vitam Monasticam aptas, quæ pariter sint
de familia & agnatione nobilium Arborien. vel alias nobiles descendentes ex linea fœminina eiusdem agnationis, vel si tot reperiri
nequeant, numerū ipsum suppleri ex alijs virginibus nobilibus mihi
aut successori meo in dicto Dominio Gattinariæ consanguinitate
vel affinitate coniunctis, ita vt in omnem euentū data personarū
idoneitate præferantur propinquiores virgines ipsius familiæ & a-
gnationis nobiliū Arborien. Post has, & in earū defectū assuman
tur illæ, quæ ex linea fœminina ipsius agnationis descenderint, hisq;
deficientibus suppleatur numerus vndenarius ex alijs virginibus
nobilibus mihi aut successori quocunq; gradu consanguinitatis vel
affinitatis coniunctis, gradus prærogatiua semper seruata; quarū
vndecim domicellarum seu virginum nobilium electionem pro hac
vice duntaxat arbitrio ipsius Vener. D. Lucretiæ sororis meæ, iuxta tamen ordinem prædictum, censeo relinquendam, in qua sola,
quātum ad idoneitatem personarum eligendarum, ea viuente, cō-
fido, & super illius conscientia me exonero: Et vt ipsa clariorem
notitiam electionis per eam fienda habere valeat, & personarum
qualitatem experiri possit, volo, & ex nūc iubeo inquisitionē prom
ptam fieri omnium virginum domicellarum dictæ familiæ et agna
tionis, quæ ad huiusmodi religionem procliua, & inclinata videbū-
tur, quibus compertis, vsque ad numerum necessarium ad huiusmo
di Monasterium, vt supra, & infra instituendum, vt interim pen
dente tempore, quo ipsum Monasterium ædificabitur, & donec ædi
ficium ipsum, quantum exiget necessitas & commoditas habitatio
nis, cum debita clausura perficiatur, educentur dictæ virgines meis
sumptibus, aut successoris mei in dicto Monasterio S. Claræ Vercellen. in qua dicta Vener. soror mea recluditur, vt ibidem dicta

virgi-

virgines experiantur ea, quæ ad religionem pertinent, cum temperamento tamen inferius declarando, & sine eius ordinis & religionis professione, sed duntaxat vt ab ipsa Vener. sorore mea sigillatim cognoscantur an ad religionem sint procliuæ & aptæ, & in eum casum remaneant instructæ, ita vt his ad dictum nouum Monasterium translatis, dum itæ eidem conuenire videbitur, non comperiantur adeò nouitiæ, qui sufficienter sint edoctæ in his, quæ ad eam religionem pertinent, & vt ipse numerus vndenarius dictarum Monialium semper integer seruetur, et ipsius Monasterij institutio nequaquàm in posterum alteretur, nec cum ipsis domicellis nobilibus misceantur ignobiles, aut illegitimæ, exceptis duntaxat conuersis, quæ ad nutu Rectricis dicti Monasterij per me fundandi assumantur, vtq; congruentiùs Monasteriũ ipsum, secundũ huiusmodi fundationis mentem, valeat conseruari, ac semper ibidem reperiantur puellæ virgines, & legitimè natæ eiusdem familiæ

Puellæ educande. & agnationis, quæ in locum deficientium Monialium valeant iuxta ordinem prædictum subrogari, volo, & iubeo in memoriam ipsorum septem dolorum, simul & septem gaudiorum ipsius gloriosæ Virginis, ac septiformis gratiæ donorum Spiritus sancti, vltrà dictum numerum vndenarium, nutriri, educari, & instrui in eodẽ Monasterio per me fundãdo septem alias puellas virgines eiusdem qualitatis, familiæ, & agnationis à septennio vsq; ad vigesimum ætatis annum, quæ tamen ab ipsis vndecim Monialibus habitu differant, prout eidem Rectrici dicti Monasterij, vel ipsi Vener. sorori meæ decernendum videbitur; & cùm meæ sit intentionis, vt nec vndenarius, nec septenarius numerus dictarum virginum & puellarum quouis pacto minui possit, sed vterq; numerus, vltra dictam Rectricem, semper integer persistat, iuxta ordinem prænarratum, volo, & iubeo, quòd si post hanc primam ipsius Monasterij institutionem & ordinationem contingat quouis tempore ipsam Rectricem ab hoc sæculo migrare, eligatur ex ipsis vndecim Monialibus ea, quæ ad id munus subeundum idonior iudicabitur, si ibidem idonietas iudicio patroni concurrere videatur, aliàs autem eius arbitrio extrinsecus eligatur, in cuius locum ad supplendum vndenariũ

numerum,

numerum, si ex eo fiat electio, assumatur alia Monialis ex numero septenario aliarum puellarum, et inde per me vel successo
rē meum in dicto dominio tăquàm ipsius fundationis patronŭ
alia puella iuxta ordinem prædictum nominetur & præsente-
tur, ac in ipso Monasterio introducatur, educetur, & instruatur, idemq́; ordo seruetur in locum deficientium Monialium,
aut puellarum; pro quibus quidem vndecim Monialibus, ac a-
liis septē puellis in dicto Monasterio, vt præmittitur, collocan-
dis, earŭq; victu & vestitu nihil penitus ab eis, earumue paren-
tibus petendum, aut exigendum erit; quouis quæsito colore, sed
attenta donatione inferius declaranda, illas omni tempore iux
ta nominationem, & præsentationem prædictam, gratis recipi,
educari, ac conseruari iubeo: verùm si vltrà ordinarium nume
rum dictarum Monialium & puellarum aliqui nobiles cuperēt
eorum filias in eodem Monasterio educari, ac in manualibus
operibus fœmineo sexui cōgruētibus, officijsq́; & exercitijs mu
liebribus instrui, aut aliàs honestis ac decentibus, religiosisq́; mo
ribus imbui, ne id ipsius Monasterij, monialiŭ, & puellarŭ dă-
no cedat, neùe caritas educationis ac instructionis alijs denege-
tur; liceat pro his extraordinarijs, ac supernumerarijs puellis id
duntaxat recipere, quòd ad honestum illarum victum & ve-
stitum sufficiat, prout eidem Rectrici dicti monasterij expedire
videbitur: Si quis etiam viuens aut moriens deuotionis causa
quidpiam in locum elemosinæ, vel ad augendum ipsum Monasterium, aut dictarŭ Monialium, aut puellarum numerŭ, citrà
tamen alterationem seu immutationem ordinis prænarrati, &
regulæ inferius præscribendæ, donandum aut relinquendum cen
suerit, vel si forsan ex persona alicuius Monialis, ea in Monaste
rio prædicto perseuerare volente, successionem aliquam hæredi-
tatis, seu bonorum eidem Monasterio deferri cōtingeret, id licitè
ipsi Monasterio applicandŭ censeo, ita tamen vt in commune di
cti Monasterij commodum conuertatur per dictam Rectricem

C   aquè

æquè dispensandum, nec liceat cuipiam ex ipsis monialibus, seu
puellis numerarijs & ordinarijs dicti Monasterij, quandiu in
eodem permanebunt, quicquàm proprij habere, aut aliquid in
priuatam vtilitatem sine consensu Rectricis conuertere; cùm
tamen tanta sit humana fragilitas, ipsiusq́; humana natura ho-
stis subdola suasio, vt semper in vetitum niti videatur, et quæ
sano consilio ad benè merendum, atq́; perēnem gloriā acquiren-
dam à maioribus instituta fuere, plerumq́; ad perniciem, &
gehennam tendere videantur, dubitans ne asperitas regulæ, il-
l025 liusq́; obseruātia has nobiles domicellas in hoc Monasterio noui
ter inducendas deterreat, easq́; ab effectu ipsius religionis auertat, ac huiusmodi fundationem inanem reddat, obseruantiā ipsius regulæ ità temperandam, & moderandam censeo, vt non
ex necessitate procedat, sed ex voluntate obseruantem ad meri-
tum aliciat, non obseruantem nequaquàm peccato grauet, neque in perniciem trahat, licet enim Rectrix dicti monasterij, vt
cæteris sit exemplo priusquàm ipsius monasterij administratio-
nē assumat, debeat (si prius professa nō fuerit) solemnē facere
professionem perpetuæ religionis iuxtà ordinē, & regulam ad id
instituendam, ipsamq́; regulam, quandiù vixerit, obseruare te
neatur, cæteras tamen moniales, & puellas ad perpetuum religionis votum nequaquàm astringi volo, neque ab his professionem exigi nisi temporaneam obseruantia trium votorum obe-
dientiæ, castitatis, & paupertatis pro duntaxat tempore, quo in
dicto monasterio permanserint, ita vt ad cilicium, ac discipli-
nas nulla necessitate vrgeātur, sed in earum consistat arbitrio
his si velint sua sponte vti prout cuiuslibet deuotio exposcet, &
quandocūq́; eis visum fuerit, possint liberè à dicta professione
temporanea resilire, à dictoq́; monasterio discedere, & sine
quouis reatu, habitu dimisso, ad secularem vitam regredi, ac e-
tiam si volent ad nuptias, & coniugium transire, ea tamen lege, quòd si quæpiam ex his semel dictū monasterium exire præ-

sumpserit

sumpserit, esto quòd in virginitate, & habitu perseuerasset, &
perseuerare vellet, nõ pateat in monasteriũ regressus, sed altera
in eius locum subrogetur, nisi iusta subesset causa communi iudicio patroni, Rectricis, ac aliarum Monialium cognita, ex
qua aliter dispensandum videretur, in reliquis ordine prædicto
firmo manente. Extra autem clausuram dicti Monasterij, &
propè Ecclesiam construenda erit habitatio congrua pro duobus
Patribus eiusdem ordinis, & obseruantiæ bonæ, & probatæ vi
ta arbitrio dictæ Reueren. Sororis meæ eligendis, qui eidem Mo
nasterio in diuinis inseruiant, ac sacra ministrent, qui tamen
clausuram Monasterij intrare nequeant, sed horum vnus qui
ad omnem suspitionem tollendam sit ex senioribus, & saltem
sexagenarius audiat confessionem ipsarum Monialium, &
puellarum, illis tamen non visis, sed per cancellum auditis, Ità
vt etiam in ministratione Sacramenti Eucharistiæ sint ipsæ
Moniales facie velata, quæ & oculos, & faciem ita cooperiãt
vt à ministrante videri, & cognosci nequeant, sed os duntaxàt
pateat ad Sacramentum suscipiendum, quod ipsæ sub velo fle-
xis oculis contemplari, & adorari, ac demum recipere poterũt.
In clausura autem dicti Monasterij nulli admittantur homines, nec mulieres, nisi hæ ex dignitate personarum, per Rectricẽ
ex aliqua iusta causa, & de licentia superiorũ admittendæ vide Redditus Mo
rentur. Pro cuius quidem monasterij, ac monialiũ, puellarum, nasterij.
& conuersarum sustentatione, cum nolim eas mendicare, volo, & iubeo per me, aut successorem prædictum debitè consignari, & quotannis persolui annuum redditum quingentorum ducatorum auri, seu eorum verum valorem, qui ad manus Eco-
nomi dicti Monasterij consignentur, videlicet, medietas in festo
Natiuitatis Domini, alia medietas in festo Sancti Ioannis Ba
ptistæ. Ità tamen quòd ipse Economus recipiendo secundam solutionem, det patrono, seu ci, qui suo nomine soluet, certificatio
nem Rectricis, & Capituli dicti Monasterij, qualiter præcedens

B 2   pecunia

pecunia fuerit in vtilitatem Monasterij conuersa, & itidem
fiat in alijs omnibus solutionibus.

Volo insuper, quòd Collegium prædictum Canonicorum, Mo
nasteriumq; Monialium (vt præmittitur) fundanda iuxtà ordinem, & regulam vniquiq; (vt præfertur) decernendum, seu
decernendã, pro ipsius ordinis, & regula, in ipsorum quolibet cõ
seruatione subijciantur ei superiori, qui per dictos R euer. Fra
trem, et sororem meos singula singulis decernentur, ità vt nullum aliũ inde Superiorẽ, præter. Apostolicã sedem recognoscãt.

Cæterum in remedium ipsius animæ mea, & vt Deus mihi
misericors sit, ac peccata mea benignè remittat, quinque millia
ducatorum aureorum loco eleemosinæ in auxilium maritandi
viginti quinque pauperes filias nobiles mihi consanguinitate,
aut affinitate coniunctas erogari volo, & iubeo, videlicet, vni
cuiq; earum ducentos ducatos boni auri, ac iusti ponderis; ità
tamen, quòd si huiusmodi filiarum nobilium electio, & marita
tio per me ante mortem meam impleta fuerit, (vt spero) non
teneãtur hæredes mei, nec exequutores iterum implere, quod im
pletum foret; si verò implementum huiusmodi me viuente fa-
ctum non fuerit, nec aliter per me facta foret declaratio ipsarum filiarum nubilium, quibus huiusmodi dos, seu eleemosina
sit eroganda, in eum casum volo, & iubeo, quòd hæc electio dictarum pauperem filiarum per exequutores huiusmodi testamenti inferius nominandos infra sex menses post huiusmodi te
stamenti publicationem fiat, ita tamen, vt primo loco eligere de
beant ex filiabus pauperum nobilium Gattinariæ inde nobilium
aliorum domus Arborij, & ex agnatione, ac familia nobilium
Arboriensium, & successiuè his deficientibus, ex alijs pauperibus filiabus nobilibus mihi consanguinitate, seu affinitate coniunctis cuiusuis agnationis existant, eas tamen in hoc præferẽ-
do, in quibus Exequutores ipsi maiorem indigentiam, & neces
sitatẽ cognouerit, et si ex huiusmodi filiabus sic eligendis aliquæ
forsan

forsan ad annos nubiles nondùm peruenißent, vel maritum,
cui nuberent, paratum non haberent, volo nihilominus huiufmodi pecuniam, seu eleemosinã, statim electione facta ad opus
eligendarum in loco tuto deponi, vel si maluerint in alicuins præ-
dij, seu redditus emptionem conuerti, vt inde ex fructibus aliquid eisdem pauperibus filiabus accrescat. Quòd si earum quæ-
piã deposita, vel soluta (vt præmittitur) eleemosina forsã prius
quàm nuberet, ab hoc seculo migrasse comperiatur, habeatq; sororem consanguineam, vel vterinam eadem paupertate, & in-
digentia laborantē, conuertatur dicta eleemosina, quæ ad opus
puellæ defunctæ fuerat designata, in auxilium maritandi illius
sororem superstitem nondùm nuptam, si verò nullam habuerit
sororem innuptam, applicetur alteri puellæ æquè pauperi, & nu
bili eiusdem agnationis, eidem defunctæ propinquiori; vel si non
subesset aliqua nubilis dictæ agnationis eidem cõsanguinitate,
vel affinitate iuncta tunc Exequutores eligant aliam filiam
pauperem secundum ordinem prænarratum.

  Alios insuper mille ducatos aureos pro eleemosina in mise-
rabiles, seu impotentes personas arbitrio eorundē Exequutorũ
eligendas in dicto loco, & Comitatu Gattinari, locisq; ipsi Co
mitatui submißis erogari, ac distribui iubeo. Seruitoribus omni
bus meis, qui tempore mortis meæ, meis vacabunt obsequijs, ve
stes lugubres elargiri volo tempore funeralium, & vltra debitam, et integram solutionem stipendiorum, vnicuiq; ipsorum
aßignatorum pro toto tempore, quo in domo mea permanserint, volo etiam persolui stipendium integrum alterius anni à
die mortis meæ cõputandi; hos autem, quibus stipendia consti-
tuta non essent, vltra vestes lugubres remunerari volo iuxtà
seruitiorum qualitatem, arbitrio exequutorum, participato
prius consilio Magistrorum domus meæ; itidemq; fiendũ cēseo
cũ ipsis Magistris domus meæ, ac dispensatore forsan de nouo
sumendis, si eos, qui nunc seruiant, mutari contingeret, et pariter de alijs omnibus seruitoribus, de quibus hic particularis nõ

B 3   fiet

fiet mentio, qui pro tempore mortis seruient in forsan his, & a-
lijs aliter per codicillos per me inde fiendos prouisum fuerit.

Paulino ex nobilibus Arborij mihi consanguineo Magistro
domus meæ vltra suorum stipendiorum solutionem, quæ est centum ducatorum quolibet anno ab initio præsentis anni cōputan
dorum pro ampliori suorum seruitiorum gratitudine liberationem totius administrationis in domo mea habitæ pro toto tempore, quo meis seruitijs vacauit, do, & lego, simulq; quingentos
ducatos aureos pro semel eidē iure legati relinquo, simul & duos
ex equis meis arbitrio exequutorum eligendis.

Ferdinando Roderico Hispano, qui officiū Magistri domus
meæ etiam exercuit, & exercet, simul tanquàm pincerna annis ferè quinque in mensa mea seruiuit, nullo eidē constituto sa-
lario, licet meo fauore, & presidio nonnulla obtinuerit beneficia
Ecclesiastica honesti redditus, pro aliquali tamen seruitiorum
suorum gratitudine, quingentos ducatos auri pro vna vice tan
tum persoluendos do, & lego.

Nobili Hieronymo de Ranzo mihi consanguineo, qui diutius
emolumenta sigillorum meo nomine percepit, & ex computo per
eum reddito, vltra sua stipendia satis ampla remansit debitor
vltra quingentorum aureorum summam, prout ex apoca eius
manu signata legitur, & inde tanquàm Camerarius res Came
ra mea administrauit, variasq; pecunias meo nomine recepit, et
exposuit, de quibus proximis diebus priusquàm in patriam redi
ret, computum reddidit, & quitationem de administratis ante
recessum obtinuit, cum tamen eidem mandatum dederim cum
alijs in mandato nominatis recipiendi in patria meo nomine à
Nobilib. Francisco Rotulo, & Fracisco Dada summā dece mil
liū ducatorū mihi per litteras cābij eidem consignatas debitorū,
ac pariter recipiendi, & soluendi varias pecuniarū quātitates,
multaq; alia meo nomine in patria administrādi, si de huiusmo
di administratis debitā rationē dederit cūreliquorū restitutiōe
vltra apocā prædictā summæ per eū debitæ pro exactione emolumenti

menti ſigillorum, quam ei reſtitui iubeo, ac ab ipſo debito liberũ,
& immunem ſeruari ob ſanguinis coniunctionẽ quingentos ẽt
alios ducatos auri iure legati relinquo.

Ioanni aliàs Porterio, nunc diſpenſatori meo, cum eius fidẽ
approbatam habeam, eidem, ac ſuis libris fidem adhiberi volo,
& ſignaturis meis in concluſionibus ſuorum computorum ap-
poſitis, ipſiſq; concluſionibus per me factis ſtari iubeo, nec aliã
rationem ab eo exigi volo, quàm quod ipſe ſua ſponte ſe debere
fatebitur, à reliquis eundem liberum eſſe decerno, & ſuper libris
ſuorũ cõputorũ, in quibus diffinitio, me viuente, facta non appareret, & in quibus ſignatura mea non adeſſet, diffinitionem
eorundem per exequutores huiuſmodi teſtamenti fieri iubeo, ex
qua ſi ipſe Ioannes debitor apparuerit, ex eo quod debebitur ſũ-
mam centum ducatorum aureorum, vltra ea, quæ generaliter
ſupra de omnibus ſeruitoribus ſunt diſpoſita, eidem pro ſuis me
ritis do, lego; & ſi minoris ſumma debitor eſſet, vel etiam ſi ipſe
ex diffinitione non debitor, ſed forſan creditor appareret, volo,
& iubeo nihilominus eidem legatum centum aureorum ducato
rum vltra id quod ſibi deberetur, perſolui.

Capellano meo D. Felici de Fagnano, qui tãquã Capellanus
Conſilij penes Cancellarium ordinatus à Cæſare, ſtipendia ratione officij mei recipit, & qui diutius eleemoſinarum mearum
diſtributionem habuit, pariter liberationem do, lego, ac eum ab
omni ratione reddenda eximo, ac vltra dictas veſtes lugubres,
cum à me ſtipendia non recipiat, centum, & quinquaginta du
catos auri iure legati eidem ſoluendos relinquo.

Jtidem de alio Capellano meo licentiato Bizchaynõ diſpoſitum eſſe volo, vt vltra veſtes lugubres, & ſtipendia debita, centum etiam, & quinquaginta ducatos iure legati, obtineat.

Nobilibus Ioanni Baptiſtæ de Ranzo, Ioãni Baptiſtæ de So
lomone Vercellen. Ioanni Iacobo de Aduocatis aliàs Paduani
de Ciglano, ac Mercurino Comero de Arborio, qui pluribus annis pro Paggijs, ſeu mãgnonibus mihi inſeruierunt ſine ſtipen-
dio,

*dio,& nuper in numero nobilium domus meæ funt recepti,vide
licet.R anzo pro Camerario fecundo,Solomonio pro fcutifero
quoquinæ,& cōtrarelatore impenfæ domus,& Io.Iacobus pro
fecundo Scutifero ftabuli feu magiftro equorum, & Mercurinus pro feruitio Cancellariæ,vnicuiq; eorum ftipendijs congru-
entibus cōftitutis,vltra quæ fuperius in genere pro omnibus feruitoribus funt difpofita,vnicuiq; eorum centum,& quinquaginta ducatos aureos,et equum vnum pro quolibet,arbitrio e-
xequutorum dari iubeo. Nobilibus etiam prædictis, & cuilibet
eorŭ liberationem fuarŭ adminiftrationŭ prædictarŭ, do,lego.*

*Nobilibus verò Ricardino de Gattinaria,ac Thomæ Hifpa
no pueris,feu Mangonibus mihi inferuientibus cuilibet viginti
quinque ducatos, ac equum vnŭ arbitrio exequutorum vltra
veftes lugubres dari iubeo, et donec nouum dominium habue-
rint,cui decenter inferuire valeant, hæredes mei interim eofdē
fuftentare teneantur, ac ipfis alimenta præftare eorum opera,
ac feruitio vtendo, eorumq; promotionem pro viribus procu-
rando,ita vt hæredes mei affumant pro quolibet eorum vnum
ex dictis pueris oneri fuo,videlicet. Georgius nepos ex fratre di
ctum Thomam Hyfpanum, Iacobus etiam nepos ex alio fratre dictum Ricardinum,et fi plures tempore mortis meæ pueri,feu mangones,aut (vt aiunt) Pagij in meo feruitio fuerint,
hi etiã in feruitijs hæredem meorum(vt præfertur)manebŭt,
it àut etiam Nepotes mei ex filia huiufce oneris partē affumãt,
quos omnes eifdem(vt præfertur)commendatos effe volo,fin-
gula fingulis referendo,et fi quifpiã ex cæteris feruitoribus meis
cupiat eifdem meis hæredibus, aut alteri eorŭ inferuire eofdem
tanquam fideles, et expertos cæteris externis præferendos cenfeo, eofque commendatos fufcipi iubeo, ac condecenter iuxtà
cuiuslibet ipforum qualitatem tractari, et admitti.*

*Egregio Viro Alphonfo Valdefio Secretario Cæfareo,
qui diutius in meis obfequijs vacauit, & varios labores af-
fumpfit,tam in Cãcellaria Imperij,quàm in alijs negocijs meis,*

licèt

licèt mei fauore à Cæsarea Maestate stipendia recipiat, sigillo-
rumq; Imperij partem obtineat, pro suis tamen benemeritis ducentos, & quinquaginta ducatos aureos semel tantùm soluendos do, lego. Et quia hactenus sigillorum Imperij, & Neapolis
meo nomine diutius emolumenta perceperit, de hijsq; mihi debitum computum reddiderit, eidem liberationem do, lego. Et insuper cum ipsorum sigillorum Neapolis idem Valdesius solus ātea
& nunc cum Petro Garcia Cæsareus Secretarius obtineant
administratione, nuperq; Sua Maiestas Cæsarea mihi benignè
concesserit, vt officium magni Cancellarij Regni Neapolis, &
emolumenta sigillorum dicti Regni post mortem meam tran-
seat ad vnū ex Nepotibus meis, quem in vita, vel in morte ad
id hæredem, seu successorem nominauero; volo, et iubeo eorundem sigillorum dicti Regni administrationem in eorum personis conseruari, & continuari, prout hactenus eadem sigilla ad-
ministrare consueuerunt, et eisdem his in curia residentibus di-
mitti, seu de nouo concedi, quo ad ea, quæ in ipsa Curia Cæsarea
expediri, & sigillari debent, ità vt sigilla huiusmodi, prout sunt
sub duplici claui seruentur, quarum vnam seruet Valdesius, al
teram dictus Petrus Garcia, sitq; idem Valdesius custos capsu
læ dictorum sigillorum eiusdem Regni, et receptor pecuniarum,
& emolumenti dicti sigilli proueniētium, ipse vero Petrus Gar
cia sit custos registrorū, & credētiarius, seu contra relator, qui
teneat librū rationū omniū priuilegiorū, & expeditionum cū ta
xis inde fiendis, et pecuniarū iuxta ipsius taxæ formam recipiē-
darum particulariter, & districtè, & singulis annis in fine cuiuslibet anni det librum integrum ipsi hæredi meo; quem ad id
nominauero, vel agenti pro eo, vt iuxta calculum super dicto
libro fiendum, recuperare valeat pecunias per dictum Valde-
sium eo anno receptas. Ex quibus tamen pecunijs, ac emolu-
mētis dictorum sigillorum prout hactenus seruatū extitit, tàm
Valdesio receptori, et sigillatori, quā Petro Garcia Credētiario,

& Con-

et Contra relatori pro quolibet eorum stipendia annua ducatorum vigintiquatuor solui iubeo. Quod si hi id onus in se assumere nollent, vel forsan in Curia Cæsarea non remanerent, tunc
prouideat sibi hæres meus de alijs personis idoneis, & fidis, prout eidem hæredi congruentius expedire videbitur.

Alaramo Sarræ olim solicitatori nunc scribæ meo, quem in
Flandria diutius meis sumptibus intertinui ad solicitationem
processus mei reuisionis in consilio Mechlinen, ad causam Castri,
& loci Chiuigniaci pendentis, & qui propterea meo nomine
plures pecunias recepit, & distribuit, ne pro his vlteriorem rationem reddere teneatur, liberationem lego. Ità tamen vt scripturas omnes, quas meo nomine penes se habuerit, & à scribis
dictæ causæ recuperauerit cum debitis ipsorum processuum, ac
scripturarum, & iuris allegationum inuentarijs hæredi meo, in
quem ius dictæ litis inferius transmittendum censuero, integrè
restituere, ac consignare debeat, & pro seruitio mihi hactenus
per eum impenso vltra restam computi sui iam redditi in manibus Hieronymi Ranz,i,& Valdesij prædicti, centum alios duca
tos auri do, lego; & si tempore mortis meæ præsens extiterit,
meisq; obsequijs vacauerit, iubeo ei dari equũ vnum, vestesq;
lugubres, prout cæteris, qui tempore mortis penes me extabunt.

Magistro Gulielmo Boisseti Thesaurario Vesulano in Comitatu Burgundiæ compatri meo, qui hactenus meo nomine recepit emolumenta Scribaniæ, et sigillorũ Baillinatus inferioris
de Valle nuncupati in Comitatu Burgundiæ mihi per Serenissi-
mam Dominam Margaretham Archiducissam Austriæ, &
Burgundiæ Ducissam viduam relictam Sabaudiæ, ipsius Comitatus Dominam, mea vita durante, concessa pro exactis, de
quibus mihi computum reddidit, & cuius computa per me clau-
sa, et manu mea signata apparebunt, liberationem lego. Pro re
liquis autem de quibus nondùm computum reddidit, libris, ac
computis suis de omnibus receptis, et appositis stari, ac credi
volo

volo, ità vt nihil aliud ab eo exigatur, quàm quod ipse sua spon-
tè, et per libros suos se recepisse, ac debere confitebitur, et vltra
hæc volo, & iubeo, quod huiusmodi calculo cum eo inito super
summam, quam debere fatebitur, deducatur eidem summa centum ducatorum aureorum implicanda in auxilium studij filioli
mei Mercurini Boisseti eius filij, quem de sacro fonte leuari feci, cui Mercurino summam prædictam ad eum effectum relinquo, & lego, soluto, & tradito residuo debiti ad manus exequutorum huius testamenti.

Nobili Raymondo de Bastita, qui aliquarum rerum mearum administrationem habuit, tàm in partibus Flãdriæ, quàm
in Italia liberationem lego, ita vt nihil vltra ab eo peti possit,
nec exigi ratio, et attenta illius paupertate, & onere liberorum,
ducentos ducatos aureos semel tantum soluendos in auxilium
maritandi filias suas do, lego; et insuper nobilitatis intuitu, &
pro eo affectu, quẽ his semper se habere ostendit ad seruitia mea
volo, et iubeo, eum conseruari, et continuari in aliquo cõpeten
ti officio terrarũ mearũ, cui inseruiendo honestè viuere possit.

Ioanni Petro de Sandiliano, qui diutius res meas in Lom-
bardia, seu Insubria gessit, et Comitatum meum Valentiæ nõ-
nullis annis administrauit, cum ex informationibus habitis satis compertum habuerim eum non fuisse in culpa ammißionis
Castri, & loci prædicti ac pecuniarum, quas ex redditibus meis
ibidem congesserat, dum ipse Sandilianus in lecto compertus cu
stodibus dicti Castri dormientibus, hostibus sine resistentia in-
trantibus captiuus est effectus, surreptis, et ablatis per hostes re
bus omnibus, ac pecunijs in Castro, et oppido consistentibus, licèt
in hoc de negligentia argui posset, cupiens tamen cum eo benignè agere, etiã pietatis intuitu cum inde ex Hispania in patriã
rediens interceptus, diù captiuus in Galliam detentus fuerit,
varijsq; damnis, et incommodis grauatus, & ne à meis hæredi
bus vlterius ea de e molestetur, aut aliter ad rationem admi-
nistratio-

niſtrationis reddendam arceatur, liberationem lego.

Magiſtro Antonio Teſta Chirurgico, & Barbitonſori meo, qui diutius, & vltra decem annorum ſpacium continuè meis vacauit obſequijs licèt iam hactenus vltra ſtipendia ſibi conſtituta condignè remuneratus fuerit: Quia tamen forſan affectione diutina vita mea potius quàm prudentia ductus, præſumpſit mihi dare vnam mulam ea lege, quod ſi viderem pronepotē, vel proneptem vxoratos ex deſcendentia mea, tenerer eidē ſoluere quingentos ducatos aureos, quod libens acceptaui, eo quod huiuſce conditionis purificatio longi temporis interuallum exigere videatur, vbi duntaxat neptis mea ex filia deſponſata erat, nondùm tamen transducta, vt nec pronepos, nec proneptis tàm repentè naſci, ac inde ad pubertatem deduci, & vxorari poſſet, vt ego nunc ſaxageſſimum ſecundum iàm agens annum, vix eas nuptias videre, ſeu præſtolari poſſe cenſerer, eſto tamen, quod conditio ipſa non purificaretur, & ante ipſius diei euentum me mori contingeret, licèt ad eam ſolutionem non tenerer, volens potius conſiderare affectū, quam effectū comiſſionem dederim Nob. Hieronymo Ranzo exponendi dictos quingētos ducatos in nonnullis prædijs meo nomine acquirendis ad opus tamē d. Magiſt. Antonij, Ideò quatenus huiuſmodi prædia ſic meo noīe acquiſita fuerint, eadem prædia eidem lego, ſi autem nondùm fuerint acquiſita, pecuniam ad id paratam, & diſpoſitam eidem do, & lego. Ità vt nil amplius à me petere poſſit, nec à meis hæredibus quauis occaſione, vel cauſa, teneatur tamen reddere rationem de his, quæ oneri ſuo incumbunt, & quæ hactenus adminiſtrauit, et omnia inſtrumenta argentea, et aurea, ac alia quæcūque eidem commiſſa iuxtà inuentariztionem factam reſtituere, et in poſſe exequutorum reponere.

Magiſtro Guliermo, et Barbitonſori, & Chirurgico, ex ſeruitoribus Cameræ meæ, qui iam per biennium ſeruiuit, quinquaginta aureos do, lego, & vltra generaliter de cæteris ſeruitoribus

bus

bus ſupra diſpoſita, equum vnum dari iubeo arbitrio exequutorum, Idemq; fieri volo cum omnibus alijs ſolitis hactenus equitare, qui tamen equos proprios non habuerit, & præcipuè Antonio
Hoſtiario, cui etiam vltra ſtipendia ſoluenda modo prædicto, &
vltra equum, & veſtes decem alios ducatos do, lego.

Petro Deſtel Hoſtiario Conſilij, qui à Cæſarea Maieſtate
ſua recipit ſtipendia pro ſeruitijs etiam mihi præſtitis, equum
vnum arbitrio exequutorum cum decem ducatis aureis iure legati relinquo.

Nobili Gaſpardo de Gattinaria Credentiario, & onus menſæ
meæ obtinenti cum cura vini, & vaſorum argenteorum ac linteo
rum ad menſam meam diſpoſitorum, vltra etiam ea, quæ in genere pro ſeruitoribus ſunt diſpoſita equum vnum cum quinquaginta ducatis do, lego. Ita tamen, vt prius tàm per ſe, quàm per
alios eius officij miniſtros reddat rationem vaſorum argenti, et
aliorum mobilium, ac vtenſilium eius oneri incumbentium, et ea
omnia ad manus exequutorum huius teſtamenti conſignet iuxtà
formam inuentarij vltimi de rebus ſui officij confecti.

Principalibus Couis domus meæ vltra veſtes lugubres, & ſtipēdia prout ſupra ſoluenda, do, & lego inſtrumenta coquinæ por
tatilis, quæ mecum itinerando deferri ſolet, videlicet ferrea, &
ænea tantum diſtribuenda inter eos, & cæteros ſeruitores coquinæ iuxtà ipſorum principaliũ coquorum arbitriũ, & diſcretionē.

Georgio Alemano, quem mendicantē, & puerũ extra patriã,
& ſine quouis refugio vagantem pietatis intuitu in domo recepi, educaui, ac meis obſequijs addixi, quibus ferè per octo iam annos fideliter vacauit tanquàm vnus ex lacays, ſeu ſtaferijs meis
honeſtè tamen vt par erat, veſtibus, ac alijs neceſſarijs fultus, vl
tra ſtipendia debita, et veſtes lugubres triginta etiam ducatos au
reos loco eleemoſinæ ſemel tantum ſoluendos, do lego.

Cæteros autem ſeruitores meos ſommelerios, lacayos, palafrenerios, Forrerium, Fornarium, Mareſcallum, Sutorem, Lecticarium, ſeu Gub.rnatorem lecticæ, porterium, ſeu portæ cuſto

C   dem,

dem, aquatorèm, ſeu aquæ prouiſorem, muliones, ac alios omnes
de quibus hic non ſit expreſſa mentio ſub generalitate ſuperius de
clarata relinquendos cenſeo ità vt veſtibus lugubribus cum ſtipẽ-
dio vnius anni vltra debitum contenti eſſe debeant.

Bibliothecam meam, ac omnes libros meos cuiuſcunq; faculta
tis exiſtant tam in Burgundia quàm alibi exiſtentes, vbicunq;
reperti fuerint nobili Paulino de Gattinaria mihi ex Fratre Ne
poti, ſi ſtudiũ vſq; ad Doctoratus cõſumationem continuauerit
do lego, alias aũt illi ex nepotibus meis, qui prius ad apices Doctoratus peruenire meruerit, arbitrio dicti Reuer. Domini Gabrie-
lis de Gattinaria fratris mei diſtribui iubeo, quem in hoc etiam
ſpecialem exequutorem conſtituo, cuius tamen conſcientiã one-
ro, vt illum præferri debeat, quem doctiorem euaſiſſe didicerit,
cui ēt pro onere huiuſce exequutionis, & in ſubſidiũ ſuarum ne-
ceſsitatum, ac ēt pro omni eo, quod in bonis meis poſſet prætende-
re ducentos ducatos aureos do lego, quibus iubeo eũ eſſe contentũ.

Dicta etiam Venerandæ Dominæ Lucretiæ Monacæ ſorori
meæ, ſi (quod abſit,) nollet acceptare adminiſtrationem Mona-
ſterij per me, vt ſupra, fundandi, in ſubſidium ſuarum neceſsita-
tum, vltra penſionem annuam, iam eidem per me ordinatam,
alios centum ducatos aureos ſemel tantum ſoluendos, do, lego.

Dominæ Apolloniæ de Gattinaria ſorori meæ vltra ea, quæ
pro matrimonio filiæ ſuæ erogari feci, & alia mutuo data, mille
alios ducatos aureos, in quibus nobilis Antonius de Rouaxenda
eius filius mihi per publicum inſtrumentum eſt obnoxius tàm pro
eius redẽptione, quàm ex puro mutuo vltra quatuor equos meos
valorem quingentorum ducatorum excedentes, quos ex Hyſpa-
nia in Italiam tranſmiſeram, & ipſe ſua auctoritate cepit, &
pro voto diſpoſuit, eidem ſorori meæ, dictoq; Nobili Antonio eius
filio poſt eam do, & lego ac iure legati relinquo; ita tamen, vt ex
huiuſmodi pecunijs mihi (vt præfertur) debitis dari debeant nobili Paulino de Rouaxenda ipſius etiam ſororis meæ filio, & dicti
nobilis Antonij fratri ducati trecentũ in auxiliũ ſtudij ſui ſoluẽdi

in ſex

in sex annis ad rationem quinquaginta ducatorū quolibet anno.

Et vt huiusmodi fundationes, legata relicta, & omnia superius per me iniuncta, ac dispofita securius, facilius, ac celerius ex equi valeant, nec committatur in his mora, nec inter hæredes, ac successores meos pro his cōtentio oriatur, volo, et iubeo, quod exequutores huius meæ vltimæ dispofitionis inferius nominandi, qui pro tempore reperientur in loco, in quo me mori cōtinget, illico sequuta morte mea sub debita inuentarij dispofittone ad eorū manus recipiant pecunias, vafa argentea, & aurea iocalia, veftes, seu fodraturas, & cætera huiusmodi, ex quibus citius pecunia cōgeri poßit, ex hisq; maiorē, quàm poterunt pecuniarū summā colligant. Quæcunq; bona mea mobilia vbicunq; locorum confiftant, eifdem exequutoribus confignentur sub eadem inuentarij descriptione. Et vlterius receptis, ac conclufis computis eorum omniū, qui adminiftrationem meorū reddituum habuerunt tàm in Ducatu Mediolani, Marchionatu Montisferrati, ac patria Pedemontana, quā in vtraq; Sicilia, ac Comitatu Burgundiæ & habita informatione eorū omnium, quæ tempore mortis deberi mihi comperientur, tàm à seruitoribus, quā exteris, et tam ratione reddituum meorū, quàm ratione ftipendiorū figillorū, aut alia quæcunque caufa procedentiū huiusmodi debitorū nomina, quanto celerius fieri poterit, exigi curent. Ex quibus pecunijs fic colleĉtis, ac cōgeftis exequutores ipfi quàmprimū implere curabunt fingula superius dispofita, hoc videlicèt ordine, vt primo exequātur folēmnia funeraliū, & ea, quæ pro anima, ac in pios vfus ordinata funt, quæ ftatim impleri poterunt, Poft hæc ea, quæ pro seruitoribus præsentibus legata funt, & relicta, his videlicèt qui ftatim erunt expediendi. Inde pro filiabus pauperibus, ac alijs miserabilibus perfonis, et poftremo in ædificijs fundationē, tā Collegij, quā Monafterij iuxtà ordinationē prædictā, fi conftructa, aut perfecta non fuerint, conftruēdis, seu perficiendis, ac rédditibus ad ipfas fundationes, vt præmittitur, aquirendis. Quòd fi huiusmodi pecunia fic colligenda ad huiusmodi fundationes, & legata, ac

C   2   alia

alia superius disposita integrè implenda nõ sufficerent, tunc quic
quid implendũ supererit, impleri volo, ac iubeo ex redditibus, &
emolumentis sigilloru Regni Neapolitani, ità vt hæres meus in-
frascriptus, in quem ipsorum sigillorum Neapolitanoru amplia-
tionem, & successionẽ iuxtà Priuilegium mihi à Cæsarea Maie
state concessum conferendã censuero, teneatur ipsa emolumenta
sigilloru ad manus eorundem exequutoru liberè consignare &
consignari facere, tàm diù percipienda, & ad præmissoru supple
mentũ applicãda, quàm diù omnia, et singula superius disposita
perfecta fuerint, & impleta; verùm si absq; emolumentis dictorum sigillorum, illisq; eidem hæredi ad id inferius nominando re
manẽtibus tanta esset pecunia exacta per dictos exequutores ex
particulis prænarratis, ac nominibus debitoru, vt non solùm suf
ficerent ad omnium præmissorum implementum, sed forsan com
periretur excedere valorem dictoru omnium legatorum, ac aliorum superius dispositoru, tunc quicquid superfuerit deductis sa-
larijs ipsorum exequutorum, ac impensis suarum vacationũ iux
tà taxam per eos fiendam perueniat, ac peruenire debeat in in-
frascriptam hæredem meam vniuersalem, cũ onere soluendi cre-
ditoribus quicquid eis legitimè deberi constiterit.

Exequutores autem omniũ prædictoru vt supra, dispositoru,
vt celerem absque omni circuitu exequutionẽ accipiant, cõstituo
Reuerendos in Christo patres fratres meos carissimos D. Lau-
rentiũ de Gattinaria Apostolicũ Prothonotariũ Abbatem Ri-
pæalta, administratorẽ Archiepiscopatus Salernitani, & Don
Gabrielẽ de Gattinaria Canonicũ regularẽ ordinis beati Augustini, nec nõ Mag. Dominos Ioãnẽ Bartholomæũ de Gattinaria
mihi consanguineũ, iuris vtriusque Doctorẽ, ac militẽ Cæsareæ
Maiestatis Consiliariũ. Regentemq; Cancellariã Coronæ Arago
num ac Mercurinũ de Ranzo iuris vtriusque Doctorem consan
guineum meum carissimum, ea tamen lege, quòd si omnes in præ
missis exequendis interesse, aut simul conuenire nequeant, tres,
aut duo ipsorum in cuiuslibet actus exequutionem sufficiant.

Quòd

Quòd si duo ex ipsis exequutoribus tēpore mortis meæ haberi non possint, & vnus tantùm adeßet, tunc ille solus cum duobus Secretarijs Curiæ Cæsaris, si me in ipsa Curia mori continget, vel cū duobus Notarijs publicis, si extra Curiam mortuus fuero, in præsentia tamen testium fide dignorum, nec non Magistri, seu Præfecti domus meæ aliorum seruitorum principalem administratio nem rerum mearum pro tempore habentium, debitum conficiāt Inuentarium de rebus ac bonis, quæ tempore mortis penes me, vel in hospitio meo comperientur, exceptis duntaxat cophanis, seu archimesis quinque, in quibus scripturæ meæ, & alia quædā monumenta reconduntur, quas aperiri veto, donec ipsi hæredes omnes mei, ac exequutores prædicti simul conuenerint, sed interim sub debito sigillo seruari debeant in loco, in quo reperientur tempore ipsius mortis meæ. Quorum cophanorum, seu archimesarum tres corio duntaxat nigro cum ferramentis albis coperiūtur, alij verò duo corio morato cum ferramentis deauratis fulti in suis valisiis reconduntur. Itidemq; fieri volo de alio cophano scripturarū iam diù existente in loco Septimi Thaurinen. penes ipsam filiam meam. Quibus hæredibus concurrentibus, dictisq; scripturis particulariter inuentarizatis, si aliquæ ex his ad Cæsaream Maiestatem, vel ad personas extraneas pertinere comperiantur, his consignari debeant sub debita quietatione, & apoca de recepto reliquæ verò scripturæ, que inter ipsos hæredes meos pro cuiuslibet ipsorū interesse distribui debēt, prout iura, ac titulos earū rerū, in quibus fuerint instituti, cōcernere videbuntur. Postquam omnes ipsi (vt præfertur) conuenerint ita ipsis hæredibus cōsignentur, vt horū quilibet in præsentia exequutorū tūc astantiū huiusmodi scripturis ac titulis visitatis, quòd ad se pertinebit recuperare debeat. Quòd si aliquæ appareāt scripturæ, quæ ad cōmunē vsum dictorū hæredū facere videātur, illæ consignari debeāt hæredi meo, q Marchionatū Gattinariæ obtinebit tāquā capiti familiæ, et armorū meorū, qui huiusmodi scripturas in archiuio tuto ad cōmunē ipsorū hæredū vtilitatē recōdere tenebit,

remanente exemplo autentico vnicuiq; aliorum hæredum , quibus se iuuare poßint, ità vt dum expedierit adipsa originalia recurrere teneatur ipse hæres meus Marchio Gattinariæ illa exhibere in iudicio , vel extra prout negotij neceßitas exigere videbitur, ne defectu exhibitionis aliorum hæredum ius pereat . De pecunijs autem, litteris cambij, cedulis debitorum, vasibus argēteis,
seu aureis, iocalibus, vestibus, ac omni suppellectili domus, cæterisq; mobilibus, ac se mouētibus, quæ in loco ipsius mortis meæ, vel
alibi comperientur, statim debitū conficiatur Inuentariū , vt ex
his quamprimùm sine aliorum exequutorum expectatione expleantur funeralia mea expeditionesq; seruitorum, ac ea omnia ,
quæ dilationem non reciperent , sed celeritatem exigere viderentur, iuxtà superius disposita. Quicquid autem ex his sic impletis
supererit, ad reliquorum per me(vt præfertur) dispositorum implementum cum cæteris exequutoribus modo prædicto perficiendum reseruetur , qui etiam expositorū rationem ab eo exequutore, qui solus morti meæ interfuerit, accipient: verùm si nullus ipsorum exequutorum tempore mortis meæ adeßet, nec oportuno tēpore haberi posset, tūc Magister domus meæ, vel is, qui pro tēporę
ipsius domus meæ administrationem obtinebit, vna cum ipso nobili Hieronymo Ranzo consanguineo meo , ac dicto Alphonso
Valdesio Cæsareo Secretario, aut ex ipsis qui melius interesse poterunt , aut alij duo Notarij cum altero eorum eo ordine quo supra de vnico exequutore dispositum fuit ad ipsorum bonorum in
uentariZationem funeralium , ac aliorum dilationem non recipientium procedant .

Institutio hæ
redis uniuer
salis.

    Nunc ad ipsam hæredum institutionem deueniens, quæ testamenti caput existit, ut bonorū mihi à Deo collatorum congruam
distributionem faciam, magnificam Elisiam de Gattinaria vni
cam filiam meam legitimam , et naturalem sincere dilectam viduam relictam quon. Magnifici Domini Alexandri de Lignana Domini Septimi Taurinen. vniuersalem meam hæredem in
omnibus bonis meis , de quibus inferius per me particulariter

alias

alias dispositum non fuerit, vel deinceps non disponetur per præsens testamentum nominatim instituo, & præcipuè in Comitatu meo Valentiæ Ducatus Mediolani, iureq; mihi pertinente in
Comitatu Refrancoris, & in Castris, locis, & Dominijs meis
Ozani, Terriculæ, Ripæaltæ, & Tonengi, ac alijs omnibus
bonis meis, quæ præsentialiter habeo, & possideo, ac tempore
mortis meæ habebo, & possidebo in toto Marchionatu Montisferrati, cum omnibus ipsorum locorum pertinentijs, vnà etiam
cum ea portione bonorum quæ per me acquisita fuit in loco Ligna-
næ illiusq; territorio. Nec non in omnibus Baronijs, & feudis
mihi pertinentibus: ac præsentialiter possessis, et quæ tēpore mortis meæ possidebo in vtriusq; Siciliæ Regnis, & maximè in Ba-
ronia Petri de Amico cum omnibus feudis illi adiacētibus, & in
Baronijs Montaroni, et Taurisani, ac feudo Castellucij cum feudo tricentorum ducatorum annualium super functionibus Fisca-
libus Camarotæ iuxtà formam priuilegiorum mihi concessorum,
& in redditu annuo trium millium ducatorum auri, quæ Cæsarea Maiestas per cedulam sua manu signatam, et eius sigillo si-
gillatam, mihi ac meis successoribus in perpetuum concessit, ac cō-
cedere promisit de, & super bonis rebellium Regni Neapolitani
confiscatis, et ad Regiam Curiă debitè deuolutis per Suam Cæsaream Maiestatem, dùm de dictis confiscationibus disponendum
censuerit, assignandis, & declarandis. Et quandocunque ipsam
filiam, & hæredem meam vniuersalem ab humanis decedere cō-
tigerit, eidem nepotes meos Antonium, & Mercurinum ex ipsa Prima substi-
tutio.
filia genitos substituo. Videlicet, dictum Antonium in omnibus dictis redditibus, Baronijs, et feudis meis Regnorū vtriusq; Siciliæ,
ea tamen lege, & cōditione, quòd idem Antonius priusquàm ad
præmissa admittatur, renuntiet, & renuntiare debeat ad opus dicti Mercurini eius fratris omni iuri sibi competenti, seu competi-
turo in omnibus bonis paternis, seu maternis, exceptis his, quæ ex
substitutione prædicta ad eum deuolui cōtinget, & quod huiusmodi renunciatio per eum fiat in ampliori, et validiori forma ad di-
ctamen

ct amen peritorum. Ipsum verò Mercurinum ex dicta filia Nepotem substituo in omnibus alijs bonis, Comitatibus, Castris, locis,
ac Dominijs superius declaratis, ac dispositis, in quibus dicta filia mea, vt præmittitur, fuit instituta, teneantur tamen ipsi Antonius, et Mercurinus nepotes mei ex filia, vt præfertur, substi-
tuti, substitutionis conditione adueniente, antequàm ad ipsorum
bonorum possessionem admittantur, cognomen, & arma pater-
na, ac materna coniunctim assumere, ità vt ipsorum quilibet simul assumat cognomen, & titulum de Gattinaria, & de Lignana, deferantq; scutum armorũ in quatuor partes diuisum in cuius prima parte superiori sint arma pura nobiliũ Gattinariæ domus Arborien. videlicèt in cãpo azureo quatuor lilia aurea, cru-
ce argentea ancorata per transuersum scuti in modũ Crucis Sancti Andreæ dicta quatuor lilia aurea diuidente, et itidem in vlti-
ma parte inferiori, In secũda verò parte superiori, & prima inferiori sint arma pura nobilium de Lignana, videlicet, in simili
campo azureo duo leones aurei erecti, velut vnus aduersus alte-
rum ore aperto, ac eorum anterioribus pedibus eleuatis congredi
volentes, & in capite ipsius scuti, vt præfertur, quadripartiti, sit
Aquila nigra, in campo aureo cum vno capite, prout ego ex Cæsareo Priuilegio defero, et prout Romanorum Reges deferre so-
lent. Et insuper ipsos Antonium, & Mercurinum nepotes meos
eidem filiæ, ac hæredi meæ sic substitutos, quandocunq; ipsorum al-
terum sine masculis liberis decedere cõtigerit, sibi ipsis adinuicẽ,
& reciprocè substituo vulgariter, pupillariter, & per fideicom-
missum, & si ambo (quod Deus auertat) sine liberis masculis de-
cesserint, quandocũq; id acciderit eisdẽ, & vltimo ipsorum dece-
denti substituo Nepotem meum ex fratre nobilem Georgium de
Gattinaria militem Cæsareæ Maiestatis scutiferum inferius nominandum, ac instituendum, vel eum qui adueniente ipsius substitutionis casu meus hæres, ac successor reperietur in Marchionatu meo Gattinariæ. Cæterùm cum in Regno Neapolitano obti-
neam officium magnis Cancellarij ex septem principalioribus officijs

Secunda sub-
stitutio.

Tertia substi-
tutio.

ficijs dicti Regni sub stipendijs annuis duorum millium, ac ducen-
torum ducatorum currentium, alijsque emolumentis ad dictum
officium pertinentibus. Nec non etiam emolumenta sigillorum
dicti Regni excedentia valorem annuum duorum millium ducatorum, quæ omnia ex priuilegijs Cæsareis, ac Regis mihi fuerunt concessa, & ampliata ad vnum ex nepotibus meis per me
nominandum, vti volens facultate mihi concessa sine tamen præ
iudicio dispositionis superius per me facta de emolumentis dictorum sigillorum pro supplemento fundationū, ac legatorum, ipsa
que dispositione in suo robore permanente, nomino, ac instituo
hæredem, seu successorem meum in dicto officio magni Cancellarij Regni Neapolis, ac emolumentis dictorum sigillorum, ipsum
Antonium de Gattinaria, & de Lignana nepotem meum ex filia, ea tamen lege, & conditione, quòd idem Antonius ex stipendijs, ac emolumentis prædictis teneatur quotannis soluere Mar-
curino eius fratri, vt honestè intertineri possit summā mille ducatorum annualium tandiù soluendam, quandiù cessabit euentus substitutionis facta eidem filia, & hæredi meæ, cuius substitutionis conditione adueniente cessare debeat ipsa præstatio dictorum mille ducatorū, et si alij nepotes masculi ex dicta filia mea,
casu quo secundo nubat, nascentur, horū quēlibet instituo in ducentis ducatis annuis per dictam vniuersalem hæredem, seu substitutos prædictos soluendis in adiutorium studij, ac litteris va-
candi, donec ad Doctoratus apicem ascendere meruerint, aut beneficijs Ecclesiasticis ad eorū honestā intertentionē prouisi fuerint, & hæc quo ad Nepotes masculos ex filia. Neptes autē meas
ex ipsa filia genitas nominatim instituo hæredes meas in quātita
tibus sequentibus, videlicet. Margarethā nūc viduam, antea cō-
iugatā, seu matrimonio iunctā quondā Mag. Io. Federico Pal-
lauicino Cæsareæ Maiestatis scutifero nuper defuncto, si eā ad
secunda vota transire cōtigerit instituo in summam mille duca
torum auri vltra dotem sibi in contractu dicti matrimonij antea constitutam, & ex pecunijs meis solutam, quam summam
mille

mille ducatorum in casum prædictum , si per me priusquàm moriar, soluta nõ fuerit, solui iubeo per dictam filiam hæredem meã
vniuersalem. Yolãdam neptem ex ipsa filia secundo genitam per
me promissam, ac deṡpõsatã Comiti Franchino Buschæ Cæsareæ
Maiestatis scutifero, cum sufficienter dotata fuerit, sua dote cõ-
tentã esse iubeo, vt nil aliud in bonis meis petere poßit, quã quod
eidẽ in capitulis matrimonialibus per me promißũ extitit , quod
iure institutionis penes eam, ac hæredes suos perpetuò remanere
volo. Andreetam verò ipsius filiæ meæ tertio genitam, ac alias,
quæ forsan ex alio matrimonio inde nascentur , si nubant in
mille ducatis pro qualibet ; Si verò religioni dedicentur in quingentis , vt supra soluendis , hæredes instituo.

Cùm autem Comitatus Gattinariæ in mei personam nouiter
in Marchionatum erectus ex infeudationis forma ad lineã fœ-
Institutio hæredis in Comitatu Gattinariæ. mininã non sit transmißibilis, sed in agnatione Nobilium Arboriensium perpetuò sit cõseruandus iuxtà ipsius infeudationis or-
dinẽ, ex cuius priuilegio sit mihi concessa facultas deficientibus liberis masculis eligendi, ac nominandi in filium meum adoptiuum
hæredemq;, ac successorẽ meum in ipso Comitatu nunc Marchionatu Gattinariæ, Castrisque et locis eiusdẽ vnum ex Nepotibus
meis fratrum filijs, quẽ ad id duxero præferendum volens concessa mihi facultate vti, & gaudere ex ea singulari dilectionis affectione, qua Ill. Georgio de Gattinaria nepoti meo ex Magn. Carolo fratre meo secundo genito deuincor , quem ab infanti ætate
nõ secus, quã propriũ filiũ educaui, & inde seruitijs Austriacæ,
et Burgundianæ familiæ addixi primo apud Serenißß. D. Marga-
rethã, deinde apud Serenißß. D. Ferdinãdũ Vngariæ, & Boemiæ
Regem Archiducem Austriæ Jnfantem Hißpaniarũ, & postre-
mo apud ipsum Sacratißß. Cæsarẽ Carolum Hißpaniarum, ac v-
triusq; Siciliæ Regẽ Catholicũ, cuius seruitio adhuc tanquàm illius pincerna vacat, subque, eo militat, qui etiã in suo primo armorũ exercitio in vltimo Ticin. cõflictu, in quo Frãciscus Gallo-
rũ Rex succubuit, ac Cæsari captiuus est redditus, taliter se geßit

vt

vt per Ill. Carolum Borboni Ducem Cæsareum Locumtenentẽ militari ordine insigniri, ac decorari, armataq; militia miles creari meruerit. Eodem igitur Georgio nepoti mihi adoptato, ac per me in filium adoptiuum assumpto, ipsum ad dicti Marchionatus Gattinariæ successionem iuxtà formam Priuilegiorum mihi concessorum præ cæteris omnibus eiigendum, ac nominãdum censui; quem præterea in eodem Comitatu, nunc Marchionatu Gattinariæ in suis omnibus Castris, locis, territorijs, iuribus, ac pertinẽtijs in priuilegijs erectionis dicti Comitatus de Gattinaria nunc Marchionatus particulariter declaratis, hæredem, ac successorẽ meum instituo, & vt decentius Marchionalem ipsam dignitatẽ sustinere valeat, nomenq; & familiam, cum ipsius Marchionatus dignitate conseruare, et augere, & vt onera fundationũ per me factarum in dicto loco Gattinariæ, & alia onera legatorum eidem per me imposita facilius, & cõmodius sine ipsius Marchionatus diminutione impleri, ac exequi valeant, eundem etiam Illustrem Georgium nepotem meum instituo in feudo Marchionatus Romagnani, cum Comitatu Blandrate, locisq; ac dominij, Burgimanerij, Ghennij, & Carpignani, ac Potestaria Vallis Sicidæ cum omnibus pertinẽtijs illi annexis iuxtà formam priuilegiorum mihi super his concessorum, aut deinceps concedendorum in locis contiguis ipsi loco Romagnani, ac in vniuerso territorio, totaq; diœcesi Nouarien. ità quòd deinceps intitulari debeat Marchio Gattinariæ, & Romagnani, præferendo semper titulũ Gattinariæ omnibus alijs titulis, et vt imposterũ perpetuò pateat me fuisse primũ eius dignitatis fundatorem, meaq; memoria in hoc perpetuetur, volo, & iubeo, quòd ipse Georgius nepos meus, & quicunque post eũ in dicto feudo successerit, nomen meũ propriũ assumat, suoq; nomini proprio præponat. Ità vt in casu successionis prædictæ, tàm in contractibus, & priuilegijs, quàm in litteris suis patentibus, seu clausis, ac in alijs actibus, in quibus nomen proprium sit exprimendum, nominetur Mercurinus Georgius Marchio Gattinariæ &c. Et eodem ordine vtantur omnes sucessores

cessores in infinitum. Instituo etiam dictum Ill. Georgium hæredem meum in domo mea, quam habeo in Ciuitate Vercellarum,
ac in cæteris locis, & bonis, quæ nunc habeo, aut deinceps habitu-
rus sum in toto territorio, ac districtu Vercellarum exceptis dũ-
taxat his, quæ habeo in loco Lignana, de quibus vt supra in filiam
meam disposui. Simul quoq; instituo eundem Georgium hæredẽ
meum in omnibus iuribus, & actionibus mihi competentibus in
Castro, et loco Chiuigniaci, cæterisq; omnibus pertinentijs, &
bonis mihi spectantibus in Comitatu Burgundiæ consistentibus;
ita tamen vt processum dicti Castri Chiuigniaci in materia reuisionis nunc pendentem coram ipsa Serenißima Domina Mar-
garita, eiusue Delegatis vsq; ad debitum finem prosequi teneatur, quod si non fecerit, omni iure successionis huiusmodi priue-
tur, & ad sequentem in gradu cum simili onere perueniat, & sic
de gradu in gradum vsq; quo id prefectum fuerit, & ad debitã
exequutionem deductum, & in Ecclesia Parochiali dicti loci Chiuigniaci reconditur cadauer vxoris meæ, volo, & iubeo, quòd si
per sententiam reuisionis dictum Castrum Chiuigniaci ad me re-
deat, aut ad dictum hæredem, et successorem meum perueniat, in
eum casum, Capella, qua sepellitur, de nouo ædificetur arbitrio
exequutorum, & ibidem in remedium animæ ipsius vxoris meæ
fundetur alia Mißa singulis diebus celebranda à Capellano ad
id præsentando, & nominando per ipsum hæredẽ meum, tanquã
Patronum, & dominum dicti loci. Quòd si per dictam sententiã
reuisam dictum Castrum non est ad me, vel hæredem meum per-
uẽturum, in eum casum volo, & iubeo omnem operam adhiberi,
vt dictum cadauer vxoris meæ transferatur, secreto tamen modo, ad locum Gattinariæ, & simul in sepulchro per me (vt præmittitur) ordinato recondatur, ibidemq; (vt præfertur) dicta
Mißa fundetur. Quinimò etiam si dictum cadauer facta omni
debita diligentia, inde forsan extrahi non posset, nec ad dictum
locum Gattinariæ deferri, nihilominus ipsius Mißa fundationẽ
pro anima dictæ vxoris meæ in dicta Ecclesia loci Gattinariæ
(vt præ-

(vt præfertur) fieri iubeo, iure patronatus ipsi hæredi meo reser-
uato. Cùm autem ad præferendum dictum Georgium nepotem
meum in hac mea successione, ad augendosq; redditus dicti Marchionatus curauerim Reueren. Nepotem meum Signorinum ipsius
Georgij fratrem primogenitum ordinis Religionis Beati Ioannis
Hierosolymitani dedicari, illiq; magnã Crucem dicti ordinis con-
ferri, cum reserua, & expectatione Prioratus Messanen. Regni
Siciliæ, cuius iam possessionem obtinuit, & obtinet, eaque ratione
idem Signorinus priusquam dictæ Religionis habitum susciperet,
omnibus bonis paternis, & maternis renunciauerit ad opus dicti
Georgij fratris sui, volo, & iubeo, vt idem Georgius hæres meus
casu quo dictus Prioratus Messanen. non reperiretur esse redditus duorum millium ducatorum annualium eidem Signorino eius
fratri singulis annis supplere teneatur summam deficientem donec eidem integrè sit prouisum de alijs redditibus, aut prouentibus
dictæ Religionis, aut alijs Ecclesiasticis, qui cum redditibus dicti
Prioratus Messanen. omnibus impensis, & oneribus deductis ad
dictam summam duorum millium ducatorum ascendat. Si autem
(quod Deus auertat) contingeret ipsum Georgium hæredem meum ab hoc sæculo sine liberis masculis decedere, eidem in omnibus
prædictis substituo ordine successiuo illum vel illos, qui adueniente
casu ex forma priuilegiorum meorum dicti Comitatus, nunc Mar
chionatus Gattinariæ secundum gradus prærogatiuam, in eodem
essent successuri, ita vt illa, vel illi ea omnia simul obtineat cum
dicto Marchionatu Gattinariæ, in quibus dictus Georgius nepos
meus (vt præfertur) fuit institutus sub eisdem tamen qualitati-
bus, & conditionibus superius enarratis.

   Paulinum autem nepotem meum ex dicto Carolo fratre vltimo genitum; quem si ipse Georgius superstes extiterit, in eum casum Ecclesiæ dedicandum censeo in quingentis ducatis annuis, cũ
quibus studio, ac litteris vacare possit, per dictum Georgium eius
fratrem hæredem meum singulis annis soluendis, donec similem
summam, aut maiorem in redditibus Ecclesiasticis fuerit assecu-
D   tus,

us , *substituo* , ac *haredem facio* , & *ipsum Georgium huius pra-*
stationis onere grauandum censeo , vt is *diligentiorem curam ha-*
beat in *prouidendo dictum Paulinum eius fratrem* , aut *prouideri*
faciendo, competentibus beneficijs, aut redditibus Ecclesiasticis pro
illius *sustentatione* . *Neptes verò meas ex dicto Carolo fratre na-*
tas *siue nupta* , aut *nubenda sint* , *siuè Religioni dedicata* , aut de-
dicanda fuerint, instituo in quingentis ducatis aureis cuilibet ipsa-
rum *semel tantum persoluendis per me* , aut *per dictum Georgiũ*
nepotem, ac haredem meum illarum fratrem, in auxilium suarũ
dotium . *Reuerendum dominum Laurentium de Gattinaria fra-*
trem *meum Apostolicum prothonotarium cum diu in vrbe mea*
pecunia , & *impensa sustentatus fuerit meaq; solicitatione* , &
industria Ecclesiasticis redditibus sufficienter sit dotatus ; ex qui-
bus *honestè viuere* , & *sufficienter se intertinere potest michiq;*
propterea teneatur vltra cessionem , & *venditionem suorum*
bonorum temporalium michi factam in varijs summis pecunia-
rum *pro eo exburfatis, haredem dumtaxat instituo in summã mil-*
le *ducatorum eidem semel tantum per me* , aut *per dictum Georgiũ*
nepotem meum soluendorum , nec non in omnibus illis pecuniarum
summis , qua mihi per eum debentur ad quamcunque summam
ascendant pro quibus eidem liberationem lego .

Jacobum nepotem meum ex Casare fratre meo primogenitum,
quem etiam seruicijs Casareis addixi quibus ad duc prasentialiter
vacat haredem meum particularem instituo in Comitatu meo Sar-
tirana *cum omnibus suis iuribus , & pertinentijs iuxta formam*
priuilegij michi ab Illust. Duce Mediolani concessi, & per Casareã
Maiestatem roborati, ac confirmati, necnon etiam in iuribus mi-
neralium *michi cõcefforum ex priuilegio Casarea, et Catholica Ma-*
iestatis *in tota Prouincia Gallicia Regni Castella iuxta ipsius priui-*
legij *formam, necnon etiam in omnibus iuribus michi competen-*
tibus , & *competituris super gratia mihi ac collegis meis facta de*
quinta *parte emolumentorum proueniendorum deductis impẽsis ,*
& *oneribus ex cequia seu aquaductu in territorio Ciuitatis Ca-*
sareau-

ſareauguſtæ nomine ſuæ Maieſtatis pro Reipub. quomodo con-
ſtruendis iuxta formam conceſſionis michi, ac collegis prædictis
faÆam volo tamen, et iubeo quod dictus Iacobus nepos meus ex
redditibus dicti Comitatus, quã diu dictus Cæſar eius pater meuſ
que frater vixerit eidem quotannis ſoluere teneatur pro illius
ſubſtentatione ſummam mille ducatorum aureorum, aut dimi-
diam reddituum dicti Comitatus ad electionẽ ipſius hæredis mei,
ea lege, & conditione quod idem Cæſar frater meus renunciet,
ac renunciare teneatur ad opus dicti Georgÿ nepotis, et hæredis
per me vt præfertur inſtituti omnibus illis bonis, quæ obtinet, &
obtinebit in toto Comitatu nunc Marchionatu Gattinariæ, &
ſi idem Iacobus nepos meus ſine liberis maſculis deceſſerit quandocunq; id acciderit eidem ſubſtituo dict.Georgium nepotẽ meum
Marchionẽ Gattinariæ cum onere prædicto, & in eius defectum
ſubſtituo illũ, qui adueniente caſu ſubſtitutionis ex forma priui-
legiorũ meorũ ſecundũ gradus prærogatiuã in dicto Marchionatu Gattinariæ eſſet ſucceſſurus, vt ſic ineũ caſum horũ fiat vnio.

   Prænominatas autem omnes ſubſtitutiones ſic volo intelli-
gi, vt omnes hæredes mei ſuperius nominati pro vt inuicem re
aut verbis coniunctis ſunt tam primi, quam ſecundi, aut vlte-
rioris gradus, ita ſibi ipſis ad inuicem ſubſtituti cenſeantur, vt
vno ex eiſdem ſubſtitutis ſeu ſubſtituendis quandocunq; ſine liberis decedente ſuccedat propinquior maſculis ſuperſtes in gradu ordine ſucceſſiuo, videlicet de qualibet linea inſtitutorum,
ac ſuorum deſcendentium in gradu ſuo, vſque ad vltimum
ſuperſtitem incluſiue, & deficiente tota vna linea inſtitutorum, ac ſuorum deſcendentium, ſuccedat propinquior de alia
linea magis coniuncta, & ſic etiam ſucceſſiue de linea in lineam ipſorum inſtitutorum ſeu deſcendentium ex eis vſq; ad po
ſteriorem vltimæ lineæ ſecundum gradus prærogatiuam, & iure primogenituræ ſemper ſaluo, & omnibus ipſis lineis inſtitutorum, ac ſubſtitutorum deficientibns ſuccedat in omnibus præ
dictis propinquior maſculus ex familia, & agnatione nobilium

D 2   Arbo-

Arborien. ex linea Collaterali dictorum meorum hæredum , qui iuxta formam dictorum meorum priuilegiorum esset alias succeßurus in dicto Comitatu nunc Marchionatu Gattinariæ.

Raymundum de Gattinaria nepotem meũ ex ipso Cæsare fratre secundo genitum, ac cæteros nepotes masculos ex dicto Cæsare fratre meo natos seu nascituros cũ nos Ecclesiæ dicandos censeam horũ quemlibet in ducentis ducatis annuis instituo soluendis per dictũ Iacobũ eorũ fratrũ ex redditibus dicti Comitatus Sartiranæ cum quibus studio, ac literis vacare poßint donec ad apices doctoratus venire meruerint, aut redditibus Ecclesiasticis ad eam summam ascendentibus, vel maiorem ad eorum sufficientem decentemq; substentationem arbitrio executorum huius meæ testamentariæ dispositionis prouisi fuerint.

Neptes verò meas ex dicto Cæsare fratre natas seu nascituras siue nubant, siue Religioni dicatæ fuerint in quingentis ducatis auris pro qualibet semel tantum per me, aut per dictũ Iacobum earum fratrum soluendis in auxilium suarum dotium sigillatim, ac particulariter instituo.

Insuper, vt omnes circuitus euitent, ea omnia quæ dictis hæredibus meis particularibus, vt præfertur relicta sunt, ac particulariter in eos sunt disposita volo, & iubeo in ipsos recta via trãsire, ac si vniuersalē vel in quota, & non iure certa instituti forent absq; eo quod de manu ipsius Elisiæ filiæ vniuersalis hæredis meæ huiusmodi relicta capere seu petere teneantur, sed per seipsos valeant apprehendere.

Fideicommißa aũt, & ea quæ in vim substitutionũ prædictarũ ad successores in gradu transmittẽda forẽt integra ad eos peruenire iubeo absq; cuiusuis legitimè seu trebellianica, aut alterius quarta detractione: quã detractionē oĩno fieri veto, ac prohibeo delegatis verò falcidiã detrahi veto, vt legatarij prædicti legata integra, ac sine diminutione prout eis relicta sunt oĩno suscipiãt.

Alienationem prædictorum quorumcunq; bonorum meorum hæreditariorum extra familiam fieri prohibeo, vt in ipsa familia integrè iuxta superius descripta conseruentur, videlicet inter

ipsos

ipſos nepotes, ac hæredes meos, tam ex filia, quam ex fratribus, vt
præmittitur inſtitutos eorumq; deſcendentes vſq; ad vltimum ſu
perſtitē iure primogenituræ ſemper ſaluo, & gradus prærogatiua
vnicuiq; ipſorum hæredum, ac deſcendētium iuxta ordinē prædictū
ſeruata dum tamen vt ſupra diſpoſitum fuit etiam hi qui ex filia
mea nati ſunt, aut naſcentur omnes de Gattinaria nuncupentur,
quo cognomine cum armis aſſumpto eos omnes hanc meam diſpoſitionē ſeruantes illorūq; deſcendentes quoſcunq; de mea familia
cenſeri volo, et ſi quiſpiā, contra hanc meā diſpoſitionem quicquā
de huiuſmodi bonis meis hæreditarijs extra ipſā familiam alienare
temptauerit, aut ad quēcunq; actū alienationis deuenire præſum-
pſerit ipſa ēt alienatione non perfecta ipſo facto omni iure ſuo pri-
uetur, & ius huiuſmodi recta via tranſeat in propinquiorē eiuſdē
familiæ ad ipſā ſucceſsionē, vt præmittitur vocatum ſecundū ipſius
ordinis prærogatiuā; verum ne aduerſus hanc diſpoſitionē, ac alienationis prohibitionem fraus cōmitti valeat, & nequis iure ſuo pri
uatus per indirectum re alienata frui poſſet ſi ad eius liberos illico tranſiret ne quoq; ex vnius culpa omnes ex illo deſcendentes huiuſmodi ſucceſsionis iure priuentur, ne ve ſit in facultate cuiuſpiā
ſequentibus in gradu perfictas, aut ſimulatas forſā alienationes
præiuditiū afferre. Volo & iubeo quod ſi contingat aliquē ex ipſis
hæredibus meis eorūue deſcendentibus ab alienationē extra familiam contra huiuſmodi prohibitionē factā, vel temptatam ſuo iure
priuari, ita vt ſucceſsio ad propinquiorem in gradu ſit transferen
da, & talis propinquior in re ipſa ſucceſſurus eſſet de deſcendentibus ipſius alienatoris ſuo iure priuati etiam ſi in patria poteſta-
te conſiſterit; nullatenus tamen taliter priuatus vſumfructum, ſeu
adminiſtrationē huiuſmodi bonorū obtinere poſsit, ſed quandiù, is
vixerit, qui iure ſuo priuatus extiterit, tā ipſe, quàm omnes ab eo
deſcendentes careant tàm proprietate, & fructibus, quàm omni
commodo adminiſtrationis talium bonorum, habeatq; interim adminiſtrationē, & vſumfructum propinquior Collateralis eiuſdem
familiæ, cum onere tamen alimentorum liberorū, ac deſcendentiū

D   3   ipſius

ipsius alienantis suo iure priuati, quæ ab ipso parēte priuato præstiari debuissent, ità vt mortuo parente priuato, statim deuoluatur suc
cessio ad illum ex liberis, & descendētibus, qui cessante alienatione,
eidem alienatori, et priuato ex huiusmodi testamentaria dispositio
ne esset successurus. Ne autem is, qui in familia alienare volet, circumueniatur, aut cæteros forsan falso colore decipere valeat, volo,
& iubeo, quòd etiā in familiā possit duntaxat fieri alienatio ex cau
sa legitima, & in iure expressa, videlicèt, vna ex illis causis, ex quibus res subiecta restitutioni de iure alienari permittuntur, de qua
causa debita cognitione præuia sufficiēter constare debeat. Qua cau
sa sic expressa, & cognita, hoc ordine ad alienationem deueniatur,
vt qui alienare voluerit, propinquiori in gradu offerat se iusto pretio venditurum, & si is emere noluerit, offerat secundo, & sic successiuè de gradu in gradum, vsque ad vltimum donec inueniat emptorem, & si nullus ipsorum hæredum, seu substitutorum, tàm descendentium, quàm collateralium emere voluerit, tantaq; sit ipsius
alienatoris necessitas, ac iusta alienandi causa, vt alienatio excusa
ri nequeat, tunc offerat cæteris de familia, & agnatione nobilium
Gattinariæ, seu domus, et agnationis Arboriensium. Quibus omnibus emere renuentibus, tunc etiam in extraneos liceat alienare
pacto tamen expressè conuento cum emptore, & in instrumento
venditionis apposito, quòd si quispiam ex dicta familia mea intra annum, & diem pro eodem pretio rem alienatam redimere
uoluerit, et in familia conseruare id eidem sit permissum, & talis res etiam licitè extra familiam (vt præfertur) alienata, & ad
familiam rediens, remaneat nihilominus deinceps inalienabilis,
prout antea fuerat. Ne autem cuipiam liceat pretium pro sua
voluntate statuere, sicq; per indirectum res ipsas extra familiam alienatas, ne in familiam redeant ob pretij forsan conficti magnitudinem impedire, volo, & decerno, quòd dum res
aliqua ex prædictis vendenda fuerit in familia vel extra, cæteri de familia communi consensu ipsorum, seu maioris partis
eligāt duos homines nobiles, probos, et expertos, qui cū uno ex exe

quuto

quutoribus prænominatis, si supersint, medio eorũ, ac cuiuslibet ipso
rũ iuramēto iustũ pretiũ rei alienãdæ statuãt decernãt, ac declarēt,
nec liceat alienatori huõdi p̃tÿ taxã excedere, seu cariori pretio ven
dere, ne hi, q redimere uellent fraudari poßint, ac indebitè grauari.

Hanc igitur vltimam meam voluntatē esse volo, quam valere
intendo iure testamenti nuncupatiui sine scriptis, ità vt si eo modo
nõ valeret, valeat iure codicilliorũ, aut iure donationis causa mor
tis, vel inter viuos, aut alio quouis mõ, quo melius valere poterit.

Et pro maiori ipsius dispositionis meæ corroboratione, vt quæ
deinceps perpetuum robur obtineat, nulloq; modo valeat impu-
gnari, supplicandum censui Sanctiß. D. N. pro his bonis, quæ forsan de feudo Ecclesiæ mouerentur, & profundationibus prænarratis, alÿsq; ab Apostolica auctoritate dependentibus, Sacratiss.
Cæsari Augusto, Regiq; Catholico prædicto pro his qui de sacri
Imperÿ feudo mediatè vel immeditatè mouentur, & quæ in
vtriusq; Siciliæ Regnis consistunt. Nec non Illustriss. Sabaudiæ
ac Mediolani Ducibus, Marchioniq; Montisferati pro his, quæ
in cuiuslibet ipsorum dominÿs, ac de eorum feudo tenentur, &
possidentur, quatenus ipsi, prout quemlibet ipsorum tangit, ac tan-
gere potest huiusmodi meam dispositionem, & vinculationem,
ac vltimam meam voluntatem in omnibus, et singulis articulis,
punctis, et passibus superius declaratis iuxtà illius formam, & te
norem confirmare, et approbare dignentur, eorumq; ac cuiuslibet ipsorum auctoritatem, et decretum interponere, ac quoscunq;
defectus, tàm iuris, quàm facti, si qui forsan in præmissis interue-
niunt, supplere. Et super præmissis eorum literas patentes in debita, aut autentica forma benignè concedere.

Hanc igitur testamentariam dispositionem propria manu, solitoq; signo meo subscribendam duxi, ac per septem sub nomina-
tos testes ad id per me rogatos proprÿs eorum manibus subscribi,
et signari feci, & ad ampliorem iustificationem ipsius dispositionis meæ rogaui Notarium subscriptum in præsentia dictorum septem testium, quatenus omnia prædicta in hac mea testamentaria
dissosi-

dispositione contenta ad opus dictorum hæredum, et successorum meorum, ac aliorum quorum interest, intererit, aut interesse poterit, stipuletur, ac per solemnem stipulationem etiam in vim contractus, seu dispositionis, ac donationis irreuocabilis inter viuos, in tempus tamen mortis duntaxat exequendæ redigat. Et de his omnibus, ac qualibet illius particula publicum, et publicaconficiat instrumenta, tunc demum hæredibus, ac legatarijs meis publicanda, ac expedienda, dùm successionis casus aduen erit, morte mea, (vt præfertur) prius sequuta & non ante. Quæ quidem omnia suprascripta, sic per me dictata, correcta, & immutata, licet aliena manu in mundum reducta hic manu mea propria, solitoq; signo approbanda, ac subscribenda censui, & in præsentia testium, ac Notarij subscriptorum ore proprio pronuntiaui, ac stipulari feci in fidem omnium præmissorum.

Mercurinus de Gattinaria.

N. Perrenot.
Philippus de Ferrera R.
Federicus Honoratus de Gualbis Vic.
Don Ioannes Iacobus de Bononia R.
Ioannes Ram R.
Aloysius Boncianus R.
Alphonsus Valdesius Secret.
Raphael Ioannes Scriba mandati.
Andreas de Messana Scriba mandati Cæsareæ Maiestatis.

Die vigesimo tertio mensis Julij anno à Natiuitate Domini Millesimo quingentesimo vigesimo nono, Indictione ij. Præsens testamentum xvij. folia papiri præsenti incluso in se continens, ac manu propria dicti testatoris subscriptum fuit in præsentia mei Notarij infrascripti, & testium præ, & subscriptorum ore suo proprio rogatorum ad hæc specialiter vocatorum, et assumptorũ de verbo ad verbum per ipsum lectũ, & publicatum in Camera ha bitationis dicti Domini Testatoris, quam fouet in domo Thomæ

de

45

de Campps in vico amplo præsentis Ciuitatis Barchinonæ, vbi dictus Dominus Testator personaliter, & sanus corpore, & men
te existebat, dicens, & volens idem Testator illud fore suum
vltimū nuncupatiuū testamentū, seu vltimā voluntatem, ac de
eodem fieri, & tradi iußit illis, quorum intersit tot originalia
testamenta, seu publica instrumenta, quot inde petierint, &
habere voluerint per me dictum, & subscriptum Notarium.

Testes vocati, & per dictum Testatorem rogati, qui supra,
quilibet se propria manu subscripsit, sunt sequentes.

Mag. Nicolaus Perrenot dominus de Granuella de Conss. Secreto Cæsareæ Maiestatis.

Mag. Philippus de Ferrera R. Cancell. Præfata Maiestatis.

Mag. Federicus Honoratus de Gualbis Vicecan. Cathalonia.

Mag. Io. Jacobus de Bononia .

Mag. Ioannes Ram.

Mag. Ludouicus Bonciay Regentes Cancellariā Aragonum.

Nobilis Alfonsius Valdesius Secretarius eiusdem Maiestatis.

Mag. Raphael Ioănes Milles Barchinonæ, & Scriba mădati.

Nobilis Andreas de Messana Regius Scriba mandati.

Et ego Ioannes de Comalonga Locumtenens Prothonotarij
eiusdem Maiestatis, Apostolica, Regia vbiq; & Imperiali aucto
ritatibus Notarius publicus, qui prædicta requisitus, vocatus,
& rogatus recepi, et continuaui.

Ioannes de Comalonga Locumtenen. Prothonot. et Not. publ.

Signum mei Ioannis de Comalonga Cass. & Catholicæ Maiestatis Locumtenentis Prothonotarij, sacris Apostolica', Imperiali, & Regia auctoritatibus publici Notarij, qui pramißis omnibus, & singulis dum sic, vt pramittitur fierent, et agerentur,
vnà cum pranominatis testibus præsens interfui, eaq; vocatus,
rogatus, & requisitus recepi, et iam aliàs in hanc formam publi
cam, in forma libri reducta, iterum in præcedentibus xi. folijs
præsenti excluso scribi feci, & clausi, paruiq; sigilli Cæsarei, ac
Regij,

Regij, officijq; Prothonotariæ, seu Cancellariæ Regiæ impreßio-
ne communiui. Constat autem de additis, et correctis ij. pag. v.
fol. in xxv. linea inter dictiones legati, & ob, prout in calce dictæ
paginæ inspicitur, eidem soluendos relinquo, Itidem de alio capellano meo licentiato viz. cayno dispositum esse volo, & vltra
vestes lugubres, & stipendia, centum, & quinquaginta ducatos
iure legati. Et in prima pagina viiij. fol. in linea xx. inter dictiones ducatorū, et si prout in calce eiusdem paginæ cernitur, Annualium tandiu soluenda quandiu cessabit euentus substitutionis factæ eidem filiæ, & hæredi meæ, cuius substitutionis conditione adueniente cessare debeat ipsa præstatio duorum mille duca
torum. Constat etiam de rasis & correctis alicuius importantiæ
siue momenti, cum in alijs locis plures dictiones in aliquibus litteris rase et correcte fuerunt, quas propter prolixitatem præter-
mittendas censeo. Videlicet in ij. pagina primi folei secuturum,
et in prima ij. folei, et institutionem iuxta tamen ipsius, meæ dispositionis mentem Arborien. aut saltem descendentes per rectã
lineam ex ipsa familia, siue ex linea masculina, siue ex linea fœminina præferendo tamen descendentes ex linea masculina cœte-
ris omnibus descendentibus ex fœminina ex his elligi et assumi
iubeo, si autem tot non extarent adididonei eiusdem agnationis,
vel ex ea vt præmittitur descendentes, idem Reuer. Don Gabriel
de Gattinaria frater, in ij. pagina iiij. fol. perseuerasset, & perseuerare vellet, non pateat in Monasterium, & in secunda pagina x. fol. re aut verbis coniuncti sunt, tam primi, quàm secundi,
aut etc.